고독한 산책자의 몽상

일러두기

1. 이 책은 장 자크 루소의 《고독한 산책자의 몽상(Les Rêveries du promeneur solitaire)》을 우리말로 옮긴 것이다.

2. 번역 대본으로는 《Jean-Jacques Rousseau — Œcvres complètes, tome I》 (Paris: Gallimard, [Bibliothêque de la Plêiade], 1959)를 사용했다.

3. 이 책의 각주는 모두 옮긴이의 주이다.

고독한 산책자의 몽상

장 자크 루소 | 고봉만 옮김

Jean-Jacques Rousseau

BOOKERS
CLASSIC

고독과 몽상은
오롯이 나 자신일 수 있고
나 자신의 것일 수 있는
유일한 시간이다.

차
례

첫 번째 산책   **9**

두 번째 산책   **25**

세 번째 산책   **43**

네 번째 산책   **69**

다섯 번째 산책   **103**

여섯 번째 산책   **123**

일곱 번째 산책   **143**

여덟 번째 산책   **171**

아홉 번째 산책   **195**

열 번째 산책   **223**

옮긴이 후기 : 어느 방랑자의 몽상과 행복   **228**

장 자크 루소 연보   **250**

첫 번째 산책

박해를 피해 스위스 시골에서 은둔생활을 하는 루소.
그러나 그는 스위스에서도 환영받지 못했다.

�֍

이 세상에서 이제 나는 혼자다. 더 이상 형제도, 이웃도, 친구도, 어울리는 모임도 없이, 오로지 나 혼자일 뿐이다. 그 누구보다 사귐성 있고 곰살궂은 사람이 만장일치로 내쫓긴 것이다. 그들은 나에 대한 증오심을 교묘히 벼려 여리고 약한 내 영혼에 가장 잔인한 고통이 어떤 것인지를 궁리한 끝에, 그들과 내가 맺고 있던 관계란 관계를 모조리 끊어 냈다. 그들이 과거에 그런 몹쓸 짓을 저질렀어도 나는 그들을 사랑했을 것이다. 인간이기를 포기하지 않는 한 그들은 나의 애정을 피할 수 없었을 것이다. 그러나 이제 그들은 나에게 다른 나라 사람, 낯모르는 사람, 요컨대 아무것도 아닌 사람이 되어 버렸다. 그들이 그것을 원했기 때문이다. 그런데 나는, 그들과 모든 것으로부터 분리되어 따로 떨어진 나 자신은 도대체 무엇이란 말인가? 이것이 바로 내가 이제부터 탐구해야 할 과제이다. 하지만 안타깝게도 이런 탐구 전에 먼저 나의 처지를 간단하게라도 한번 살펴야 한다. 그것은 그들한테서 벗어나 나에게 도달하기 위해서라면 꼭 거쳐야 할 일이다.

십오 년 전부터, 아니 그 이전부터[1] 나는 이상한 처지에 놓여 있는데, 나는 지금도 내 처지가 악몽 같기만 하다. 소화 불량에 시달려 잠을 설치다가, 잠에서 깨어나면 고통이 사라지고 친구들과도 다시 함께할 수 있을 것이라고 여전히 상상하곤 한다. 그렇다. 나는 나도 모르는 사이에 깨어 있는 상태에서 수면 상태로, 좀 더 정확히 표현해서 삶에서 죽음으로 곤두박질쳐 뛰어든 것이다. 나는 영문도 모른 채 자연의 순리에서 끌려 나와 무엇인지 헤아려 볼 수도 없는 불가해한 혼돈 속으로 내던져졌다. 현재의 내 상황을 생각하면 할수록 나는 내가 어디에 있는지를 더욱더 모르겠다.

아! 나를 기다리고 있던 운명을 난들 무슨 재주로 내다볼 수 있었겠는가? 지금도 그 운명에 몸을 맡겨 놓은 신세인데 어떻게 내가 그것을 분별하여 해석할 수 있겠는가? 나는 예전이나 지금이나 똑같이 선량한데 어느 날 갑자기 아무런 근거도 의심도 없이 괴물로 독살자로 암살자로 간주되리라고, 인류의 혐오 대상이자 천박한 자들의 놀림감이 되리라고, 길을 가던 사람들이 모두 인사 대신 나에게 침을 뱉으리라고, 한 세대 전체가 만장일치

---

1   루소의 《에밀》(1762)은 출간 직후 종교적인 이유로 파리와 제네바에서 유죄 판결을 받는다. 루소는 1762년 6월에 체포령을 피해 스위스 뇌샤텔 부근의 모티에(Môtiers)로 피신한다. 루소가 《고독한 산책자의 몽상》의 〈첫 번째 산책〉을 집필하기 시작한 것이 1776년 가을이니, 시기적으로 보면 '십오 년'이 아니라 '십사 년'이다. 루소의 《고백》에 따르면 루소가 디드로나 볼테르 등의 계몽사상가들과 불화를 겪은 것은 그 이전인 1757~1758년부터이다.

로 흥에 겨워 나를 생매장하리라고, 내 상식에 견주어 상상이나 할 수 있었겠는가? 나는 이런 기이한 격변을 불시에 당하고 처음엔 어쩔 줄을 몰랐다. 정신이 혼란하고 분노가 치밀어 올라 착란을 일으킬 정도였고 마음의 평정을 찾는 데 십 년도 넘게 걸렸다. 그러는 사이, 실수와 잘못을 거듭하고, 어리석은 짓에 어리석은 짓을 거듭하면서, 나의 부주의로 내 운명을 쥐락펴락한 자들에게 수많은 구실을 제공했고, 그들은 그것을 교묘하게 이용해 내 운명을 재기 불가능한 상태로 만들어 버렸다.

　나는 오랫동안 맹렬하게 저항하며 발버둥질을 쳐 봤지만 아무 소용이 없었다. 능란한 말솜씨나 수완도 없고, 속임수 같은 것도 쓸 줄 모르고, 용의주도함도 없고, 솔직하고 개방적이고 성질이 조급하고 화를 쉽게 내서 발버둥질 치면 칠수록 오히려 스스로를 더 옭아매었고 그것이 그들에게 새로운 꼬투리를 끊임없이 제공할 뿐이었다. 그리고 그들은 그것을 결코 놓칠 리 없었다. 마침내 그동안 쏟았던 모든 노력이 다 헛일이고, 그것이 오히려 내 몸만 상하게 한다는 것을 안 나는, 나에게 남은 유일한 방책을 세웠다. 이게 가능한 일인지에 대해 더 이상 왈가왈부하지 않고 운명에 순순히 따르기로 한 것이다. 나는 이러한 체념 속에서 내 모든 불행에 대한 보상을 받았다. 고통스럽기만 하고 아무런 결실도 없는 저항을 계속하면서 겪었던 고역에서는 찾을 수 없던 마음의 평정을 이러한 체념 덕분에 얻을 수 있었다.

내 마음의 평정에 도움이 되도록 이바지한 것이 하나 더 있다. 나에 대한 증오심을 교묘히 갈고닦아 나를 박해하던 그들이 지나친 적개심 때문에 깜박 잊고 빠뜨린 바로 그것이다. 그들은 나에게 계속 새로운 공격을 가함으로써 나를 끊임없이 고통스럽게 하고 그 고통을 되풀이해 겪게 하려면 그 강도를 점점 더 높여야 했다. 만약 그들이 간사한 꾀를 부려 나에게 일말의 희망의 빛을 남겨 두었더라면, 나는 여전히 그것을 붙들고 있었을 것이다. 그들은 가짜 미끼로 나를 속인 뒤 아직도 나를 노리개로 삼고 있을 것이고, 내 기대를 매번 무너뜨려 늘 새로운 고통으로 나를 절망하게 했을 것이다. 하지만 그들은 모든 수단을 앞당겨 다 써 버렸다. 내게 아무것도 남기지 않으려다가 그들 자신이 쓸 수 있는 수단마저도 다 없애 버린 것이다. 그들이 내게 퍼부었던 비방과 멸시와 조롱과 모욕은 이제 약화될 일만 있을 뿐 강화될 가능성은 없다. 그들은 더 이상 그것을 강화할 수 없고, 나도 그것에서 더 이상 벗어날 수 없다. 양쪽 다 어쩔 수 없는 상태가 된 것이다. 그들은 나의 비참함을 너무 서둘러 극한까지 내몰았기 때문에, 지옥의 온갖 술책으로 무장한 막강한 힘의 인간일지라도 추가적으로 할 수 있는 게 아무것도 없을 것이다. 육체적 고통은 내 마음의 아픔을 늘리기는커녕 오히려 가라앉힐 것이다. 어쩌면 육체적 고통 때문에 큰 소리를 지르느라 신세 한탄을 하지 않게 될지도 모른다. 육체의 격렬한 아픔 때문에 마음의 아픔이 잠시 멈출지도 모른다.

모든 것이 물거품이 된 마당에, 그들에 대해 내가 무엇을 두려워한단 말인가? 내 처지를 더 나빠지게 할 수 없으므로, 그들은 더 이상 근심 걱정으로 나를 어지럽게 하지 못할 것이다. 그들은 불안과 공포라는 질병으로부터 나를 영원히 해방시켜 주었고, 그것만으로도 내게는 큰 위안이 된다. 현실의 온갖 병은 내게 거의 영향을 미치지 못한다. 나는 현재 내가 앓고 있는 병에 대해서는 쉽게 받아들이지만, 언제 닥칠지 몰라 두려운 병에 대해서는 그렇지 못하다. 겁을 먹은 내 상상력은 그 질병들을 조합하고, 뒤적거리고, 크기를 키우고 양을 늘린다. 닥쳐올 질병을 기다리는 것이 지금 당장 그것을 겪고 있는 것보다 백배나 더 나를 고통스럽게 한다. 내게는 위협이 타격보다 더 끔찍하다. 질병이 실제로 발생하면, 그것이 지니고 있던 모든 상상적 요소가 제거됨으로써 그것의 실제 값어치가 드러난다. 그러면 나는 질병이 내가 생각했던 것보다 훨씬 대단치 않다는 걸 알게 되고, 고통을 겪으면서도 위안을 느끼지 않을 수 없게 된다. 그런 상태에서는 생소하고 낯설어서 두려웠던 것에서 벗어나고 성급하게 미리 짐작해서 불안했던 것에서도 해방되므로, 단지 그것에 익숙해지는 것만으로도 더 이상 나빠질 수밖에 없는 지금의 처지를 조금씩 더 잘 견딜 수 있게 한다. 그리고 시간의 경과와 더불어 감정은 무뎌지기에 그들이 그 감정에 다시 불을 지피려 해도 그럴 수단이 더 이상 없게 된다. 이것이야말로 나의 박해자들이 악의와 증오의 화살을 아낌없이 써 버림으로써 내게 베푼 은혜이다. 그들이 나에 대해 발휘할 수 있는 영향력을 모두 사용해 버렸기 때문에 앞으로는 내가 그들에 괘념치 않을 수 있게 되었다.

내 마음속에 완전한 평정이 다시 찾아든 것은 두 달도 채 안 된다. 오래전부터 나는 앞날에 대해 아무 염려도 하지 않았지만, 여전히 희망은 갖고 있었다. 때로는 나를 달래 주고 때로는 좌절시킨 그 희망이야말로, 나를 자기 손아귀에 그러쥐고 온갖 정념으로 나를 끊임없이 뒤흔든 원인이었다. 하지만 예기치 못한 슬픈 사건 하나가 발생해 마침내 내 마음속에서 희미한 희망의 빛마저 꺼뜨려 버렸고, 내 운명은 이 세상에서 영원히 돌이킬 수 없는 상태가 되었다. 그때 이후 나는 미련 없이 모든 걸 받아들였고, 마음의 평화를 다시 찾았다.

음모의 전말을 하나둘 알아채기 시작하면서, 나는 살아 있는 동안 세상 사람들을 잘 설득해서 다시 내 편으로 만들어야겠다는 생각을 영영 버리고 말았다. 설령 그들이 다시 내 편을 들고 나선다 해도 내가 더 이상 그들 곁으로 다가갈 수 없으니 내게는 아무런 쓸모가 없을 것이다. 사람들이 다시 나에게 돌아온다고 해 봐야 소용이 없는 일이다. 그들은 더 이상 예전의 내 모습을 찾기 어려울 것이다. 그들이 나에게 불러일으킨 경멸감은 그들과의 교류를 따분하고 짐스럽게까지 할 것이니, 그들과 부대끼며 살았을 때보다 그들과 떨어져 고독하게 지내는 지금이 백배나 더 행복하다. 그들은 사람들과 사귀면서 맞보게 되는 즐거움을 내 마음속에서 송두리째 앗아가 버렸다. 내 나이에 그런 즐거움이 다시 움트기는 어려울 것이다. 그러기엔 때가 너무 늦었다. 그들이 나에게 선행을 베풀든 악행을 저지르든 내가 알 바가 아니다. 그들이 무슨 짓을 하든지 간에, 더 이상 나에게 아무 의미가 없을 것이다.

그런데도 나는 미래에 대해 희망을 걸고 있었다. 앞으로 더 좋은 세대가 나타나 현재의 세대가 나에 대해 내린 판단과 나에게 취한 행태를 잘 살펴보고, 그런 일을 주도한 자들의 나쁜 꾀를 쉽게 꿰뚫어 알아차려서 마침내 나를 있는 그대로 보게 될 것이라 기대했었다. 내가 《대화》를 집필하고, 그것을 후대에 전하기 위해 온갖 엉뚱한 시도를 했던 것도 바로 그런 희망 때문이었다. 비록 까마득한 미래에 대한 희망이었지만, 내 영혼은 내가 살고 있는 이 시대에서 정의로운 마음을 가진 사람을 다시금 찾고 있었을 때와 마찬가지로 한껏 들떠 있었다. 하지만 멀고 먼 세대에 걸었던 기대는 산산이 부서져, 나는 또다시 세상 사람들의 놀림감이 되고 말았다. 나는 《대화》에서 그러한 기대가 무엇에 근거했던 것인지 밝혔다.[2] 그러나 섣부른 짓이었다. 그런데 다행히도

"나는 정직한 사람들이 나에 대한 기대를 축복하고 내 운명에 대해 눈물 흘리게 될 날이 올 거라는 정당한 믿음을 가지고 있습니다. 그 시기가 언제가 될지는 모르지만, 나는 그렇게 확신합니다. 이것이 바로 내가 인내하고 위안을 얻는 근거입니다."《루소, 장 자크를 심판하다 - 대화》, 〈세 번째 대화〉, 책세상, 2012년, 373쪽)

나는 알맞은 때에 나의 잘못을 깨달아 삶의 마지막 순간 전에 마음의 평안과 안식의 시간을 온전히 찾을 수 있었다. 그 시간은 지금 내가 말하고 있는 시기에 시작되었는데, 나는 그 시간이 중도에서 끊어지지 않고 앞으로도 계속되리라 굳게 믿는다.

나는 최근에 새로운 성찰을 통해, 먼 훗날에라도 세상 사람들이 내게 돌아올 것이라는 기대가 얼마나 어리석은 것이었는지 깨달았다. 왜냐하면 그들은 나를 극도로 혐오한 집단 내에서 끊임없이 교체된 안내자들에게 나에 대한 평가를 교육받은 이들이기 때문이다. 개인은 죽어 사라지지만 집단은 결코 사라지지 않는다. 집단 내에서 똑같은 감정이 영원토록 이어지고, 그 격렬하고 꺼질 줄 모르는 증오심은 마치 악마가 그것을 부추기는 것처럼 언제나 변함없는 활력을 유지한다. 나를 적(敵)으로 대하는 개인이 모두 사라지더라도, 의사들과 오라토리오회 사제들은 여전히 살아 있을 텐데, 나를 박해하는 집단이 이 두 집단밖에 남지 않는 상황이 된다 해도, 그들은 내가 살아 있을 때 나라는 사람을 가만히 내버려 두지 않았던 것처럼, 내가 죽은 다음에도 내 평판을 가만 내버려 두지 않을 것이다. 어쩌면 세월이 흐른 뒤, 나에게 직접적으로 모욕을 당했던 의사들은 감정이 누그러질지도 모른다. 그러나 내가 사랑하고 존중했으며 전적으로 신뢰하여 결코 모욕한 적이 없는 오라토리오회 사제들, 성직자이자 절반은 수도승인 그들의 마음은 영원히 누그러뜨릴 수 없을 것이다. 그들 자신의 부

도덕이 나의 죄를 만들었음에도 그들의 이기심은 결코 나를 용납하지 않을 것이다. 또한 그들은 세상 사람들이 나를 혐오하고 그런 마음으로 들끓도록 끊임없이 공을 들일 것이므로, 그들과 마찬가지로 나에 대한 세상 사람들의 노여움도 가라앉지 않을 것이다.

이 세상과 나는 완전히 갈라섰다. 사람들은 나에게 더 이상 선한 일도 악한 일도 할 수 없다. 지금 이 사회에는 내가 기대할 것도 두려워할 것도 더 이상 남아 있지 않다. 나는 심연의 밑바닥에 있지만 평온하다. 가엾고 불쌍한 인간이지만 신처럼 침착하고 태연스럽다.

나의 외부에 있는 모든 것은 이제 나와 상관없다. 지금의 나에게는 더 이상 이웃도, 동료도, 형제도 없다. 나는 이 땅에 살고 있지만 원래 살던 행성에서 낯선 행성으로 곤두박질친 신세와 다를 바 없다. 주변을 둘러보아도 슬프고 가슴 아픈 것들뿐이다. 나와 관계되거나 나를 둘러싸고 있는 것으로 시선을 돌리면, 언제나 나를 분노케 하는 경멸의 표정, 나를 슬프게 하는 고통의 빛을 발견하게 된다. 그러니 구차스럽게 부질없는 욕심으로 간여했던 고약한 대상들은 죄다 내 머릿속에서 떨쳐 버리자. 위로와 희망과 평화를 얻을 수 있는 곳은 오직 내 마음속뿐이니, 앞으로 남은 인생을 홀로이 나 자신에게만 몰두할 것이며 또한 그렇게 하고 싶다.

나는 이런 상태에서《고백》이라고 불렀던 엄격하고 성실한 성찰의 후속 작업을 다시 하기로 했다. 나는 나 자신을 연구하고, 머지않아 작성하게 될 나에 대한 보고서를 미리 준비하는 데 마지막 날들을 바치려 한다. 나의 영혼과 대화를 나누는 즐거움이야말로 사람들이 나에게서 빼앗아 갈 수 없는 유일한 것이니, 그 즐거움에 온전히 몸을 맡기자. 내 내면의 특질을 살펴봄으로써 그것을 더 좋게 정돈하고 거기에 남아 있을 수 있는 나쁜 점을 고친다면, 나의 명상이 쓸데가 없는 것은 아닐 것이다. 이는 비록 내가 이 땅에서는 아무짝에도 쓸모없는 존재라 할지라도, 내 마지막 날들을 완전히 헛되이 보낸 것은 아니라는 뜻이 되리라.

나는 매일같이 틈날 때마다 했던 산책에서 종종 매력적인 생각들로 가득 채워지곤 했는데, 안타깝게도 지금은 그게 무엇이었는지 기억나지 않는다. 앞으로는 마음속에 일어나는 생각들을 기록해 두려고 한다. 그러면 그것들을 다시 읽을 때마다 큰 즐거움을 맛볼 수 있을 것이다. 나는 내 마음이 받아 마땅한 대접을 생각하면서 나의 불행과 박해자들과 내가 겪은 치욕을 잊을 것이다.

이 기록은 말 그대로 내 몽상에 관한, 일정한 형식을 따르지 않은 일기에 불과할 것이다. 여기에는 나에 관한 일이 많이 들어 있을 것인데, 그것은 혼자서 사색에 잠기는 것을 좋아하는 사람이기에 필연적으로 자기 자신의 일에 골몰하기 마련이기 때문이다. 거기에다가, 산책하면서 내 머릿속에 떠올랐다가 사라진 온갖 이상한 생각들도 여기에 자리하게 될 것이다. 나는 내가 생각한 것을 머리에 떠오르는 대로 이야기할 것이다. 그리고 전날의 생각과 다음 날의 생각이 보통 별 상관이 없으므로, 두서없이 이야기를 늘어놓을 것이다. 하지만 결과적으로, 지금 내가 처해 있는 이상한 상황에서 나의 정신이 매일매일 양식으로 삼고 있는 감정과 사고를 제대로 인식함으로써, 내 본성과 기질을 새롭게 인식하게 될 것이다. 따라서 이 기록은 나의 《고백》의 부록으로 여겨질 수 있다. 하지만 그런 제목에 어울릴 만한 내용을 굳이 언급할 필요성을 느끼지 않으므로, 이 기록에 그 제목을 붙이지는 않겠다.

나의 마음은 온갖 고초와 수모를 겪으면서 정화되었기에, 마음속을 샅샅이 살펴보아도 비난받아 마땅한 것이라곤 사소한 찌꺼기만 가까스로 발견할 수 있을 정도다. 이 세상에 대한 애정이 내 마음속에서 송두리째 뽑힌 마당에, 도대체 내가 무엇을 고백해야 한단 말인가? 나는 나 자신을 비난할 마음도 없지만 찬양할 마음도 없다. 이제 나는 사람들 사이에서 별 볼 일 없는 존재일 뿐이다. 더 이상 그들과 실질적인 관계를 맺거나 진심 어린 교제를 하지 않을 것이기에 나는 그런 존재일 수밖에 없다. 어떤 선행을 베풀어도 악행을 감추기 위한 것으로 해석되고, 어떤 행동을 해도 타인이나 나 자신에게 폐를 끼치지 않을 도리가 없으므로, 그저 행동을 삼가고 조심하는 것이 나의 유일한 의무가 되었다. 나는 내가 할 수 있는 한도 내에서 그 의무를 다하고 있다. 그러나 육체는 이렇게 가만히 있는데, 내 영혼은 여전히 활발히 움직이면서 감정과 사고를 만들어 내고 있다. 내 영혼 내부의 도덕적 활력은 지상의 물질적 이해관계를 완전히 떠남으로써 오히려 증대된 듯하다. 나에게 육체는 단지 하나의 걱정거리이자 장애물에 불과하다. 그래서 나는 가능한 한 일찍 육체에서 벗어나 있으려고 한다.

내가 처한 이와 같은 기이한 상황은 충분히 검토하고 그 내용을 적어 둘 필요가 있다. 나는 바로 이런 검토에 내 마지막 남은 시간을 바치고 싶다. 그 일을 성공적으로 해내려면 먼저 순서와 방법을 정하여 세워야 할 것이다. 하지만 나는 그런 진행 방식에는 영 무능하고, 또 자칫하면 내 영혼의 추이를 계속 살펴보고자 하는 목적에서 벗어나기도 할 것이다. 어떤 면에서, 나는 물리학자가 매일매일의 기상 상태를 측정하기 위해 하는 실험을 나 자신에게 할 것이다. 나는 나의 영혼에 청우계를 갖다 대 볼 것인데, 이 실험이 오랫동안 반복적으로 잘 이루어진다면 물리학자들이 도출해 낸 결론이나 과학적인 결론에 도달할 수 있을 것이다. 그러나 나는 나의 시도를 그렇게까지 확대하지는 않을 것이다. 실험을 기록하는 것으로 만족하지, 그것을 모아 체계를 만들려고 하지는 않을 것이다. 내가 하려는 것은 몽테뉴가 시도한 것과 같다. 그러나 나의 목표와 그의 목표는 완전히 다르다. 그는 타인을 위해《수상록(Essais)》을 썼지만, 나는 오직 나를 위해 내 몽상을 글로 쓴다. 내가 나이를 더 먹어 세상을 하직할 시간이 임박했을 때, 내가 기대한 바대로 지금과 같은 감정과 기분을 유지하고 있다면, 내 몽상의 기록을 읽을 때 지금 이것을 쓰면서 내가 맛본 감미로움을 다시 떠올리게 될 것이다. 그리고 그렇게 나의 지난 세월이 되살아남으로써, 말하자면 나의 삶도 두 배로 늘어나게 될 것이다. 사람들이 날 보고 뭐라고 쑤군쑤군하더라도, 나는 또 다시 사람을 사귀는 일의 묘미를 맛보게 될 것이며, 늙디늙은 나는 마치 나보다 덜 늙은 친구와 함께 살듯 다른 나이대의 나와 함께 살게 될 것이다.

《고백》의 초반부와《대화》를 쓸 때, 나는 나를 박해한 자들의 우악스러운 손아귀에서 그 글들을 빼내 형편이 닿는 대로 후세에 전할 방법을 찾느라 부단히 애를 썼다. 하지만 이번 글에 대해서는 더 이상 그 같은 불안에 시달리지 않는다. 그것이 쓸데없는 일이라는 걸 알기 때문이다. 또한 사람들에게 더 잘 이해받고 싶다는 욕망도 내 마음속에서 불살랐으므로, 아마도 영원히 폐기되었을지도 모를 나의 원본 저서와 내 결백을 증명할 저작물의 운명에 대해서도 이제 아무런 관심이 없다. 사람들이 내가 하는 일을 염탐하든, 이 글을 읽고 불안해하든, 이 글을 빼앗아 없애 버리거나 변조하든, 이제 내가 상관할 바 아니다. 나는 이 글을 숨기지도 않을 것이고 드러내 보이지도 않을 것이다. 내가 이 세상에 살아 있는 동안 사람들이 나에게서 이 글을 빼앗는다 할지라도, 그들은 나에게서 이 글을 썼다는 기쁨, 글의 내용에 대한 선명한 기억, 이런 결실을 맺게 했고 내 영혼이 살아 있는 한 결코 말라 없어지지 않을 원천인 나의 고독한 명상을 빼앗지는 못할 것이다. 나에게 처음 불행이 닥쳤을 때, 운명에 대들지 않고 지금과 같은 태도를 취할 수 있었더라면, 사람들의 온갖 노력과 끔찍한 음모도 나에게 아무런 효력을 발휘하지 못했을 것이고, 그들이 나중에 성공시킨 술책을 다 동원했다 하더라도 내 평온한 마음을 어지럽히지는 못했을 것이다. 설령 그들이 마음 내키는 대로 나의 치욕을 즐긴다손 치더라도, 그들은 내가 나 자신의 결백을 즐기고, 그들의 반응 따위는 아랑곳없이 평화롭게 생을 마치려는 것을 방해하지는 못할 것이다.

(1776년 9월 말)[3]

---

3   루소의 《고독한 산책자의 몽상》에는 집필 시기가 따로 적혀 있지 않다. 각 산책의 마지막에 명기한 시기는 후대의 연구를 바탕으로 옮긴이가 적어 넣은 것이다.

두 번째 산책

1776년 10월 24일, 루소는 파리의 메닐몽탕 언덕을 내려오다가
커다란 덴마크산 개에게 공격을 당해 의식을 잃는다.

❖

그리하여 나는 평범한 한 인간이 마주할 수 있는, 가장 기이한 처지에 놓인 내 영혼의 평소 모습을 묘사할 계획을 세우고, 그 계획을 실행에 옮기는 데 다음과 같은 방법만큼 손쉽고 믿을 만한 것은 없다고 생각했다. 다시 말해 머릿속을 완전히 비운 상태에서 여러 가지 생각이 아무런 반대나 거리낌 없이 마음대로 뛰놀게 내버려둔 채, 나의 고독한 산책과 그 산책을 가득 채우는 몽상들을 정직하고 성실하게 기록하는 것이다. 그런 고독과 명상의 시간이야말로 하루 중에서 내가 딴 데 곁눈 팔지 않고 아무 방해도 받지 않고 온전히 나 자신일 수 있는 유일한 시간, 본디부터 내가 원한 것이 무엇인지를 분명하게 말할 수 있는 유일한 시간이다.

그러나 나는 그 계획이 너무 늦게 실행에 옮겨졌다는 사실을 곧 깨달았다. 이미 생기를 많이 잃은 나의 상상력은, 그것을 불러일으키는 대상을 자세히 바라보아도 예전처럼 활활 타오르지 않거니와, 나도 몽상의 열광에 푹 빠져들지 못한다. 이제 내 상상력이 만드는 것 중에는 창작물보다 추억거리가 더 많다. 어정쩡한 무기력이 내 모든 기능을 앗아가고, 생명의 기력도 내 안에서 점점 약해진다. 나의 영혼은 케케묵은 육신의 거죽 밖으로 간신히 빠져나올 뿐이다. 나에게 그것을 누릴 권리가 있다고 느끼기에 더 간절히 도달하고 싶어 한 그 상태에 대한 희망이 없다면, 나는 그저 지난날만을 회상하며 목숨을 유지하고 있을 것이다. 따라서 나이 늙어 쇠잔의 길로 접어들기 전에 나 자신을 돌아보려면 적어도 몇 년 전으로, 그러니까 힘겨운 세상살이에 희망을 모두 잃고 이 땅에서 마음을 달랠 양식을 더 이상 찾지 못해, 마음 자체에 있는 그 무엇으로 마음을 살찌우고, 필요한 모든 것을 내 안에서 차츰 구하기 시작했던 그 시절로 거슬러 올라가야 한다.

시기적으로 너무 늦은 감이 없지 않지만, 내가 생각해 낸 이 방법은 적용 범위가 매우 넓어 곧 내게 그간 겪은 고생을 모두 보상해 주었다. 자기 자신을 되돌아보는 습관을 들이다 보니 마침내 나의 불행한 처지에 대한 감정과 기억도 거의 사라졌다. 그리하여 나는 나의 경험에 비추어 진정한 행복의 원천은 자기 자신 속에 있으며, 행복할 줄 아는 사람은 결코 타인 때문에 비참해지지 않는다는 것을 깨달았다. 사오 년 전부터 나는 상냥하고 온화한 마음을 지닌 사람이라면 명상 중에 발견하게 되는 그런 내적 희열을 당연한 듯 누려 왔다. 혼자 산책하면서 이따금 느끼곤 했던 그 황홀과 도취는 나의 박해자들 덕분에 맛보게 된 기쁨이었다. 그들이 없었다면 나는 내 안에 지니고 있던 보물들을 결코 발견하지도, 분별하여 알아보지도 못했을 것이다. 그토록 많은 것들이 내 안에 있는데, 어떻게 그것들을 낱낱이 다 기록하겠는가? 그 많고 많은 달콤한 몽상들을 기억에 떠올리려 하면서, 나는 그것을 말로 표현하기는커녕 다시 몽상에 빠져들곤 했다. 바로 이것이 내가 지난 일을 돌이켜 생각할 때 다다르는 상태인데, 만약 그 상태를 전혀 느끼지 못하게 되면 곧 그에 대한 나의 인식도 중단되고 만다.

나는 그런 효과를 《고백》의 속편을 쓸 계획을 세운 다음에 했던 산책들, 특히 내가 지금부터 이야기하려는 산책 중에 실제로 느꼈다. 예상치 못한 한 가지 사고로 내 생각의 흐름이 끊겨, 잠시 동안 다른 방향으로 생각이 몰아쳤던 것이다.

1776년 10월 24일 목요일, 나는 점심을 먹은 후 큰길을 따라 슈맹베르 거리까지 걸어간 다음 메닐몽탕 언덕에 올라갔다가, 거기서 포도밭과 초원을 가로지르는 오솔길을 따라 샤론까지, 그 두 마을을 경계 짓는 아름다운 경치를 감상하며 느럭느럭 걸었다. 그리고 돌아올 때는 방금 지나온 그 초원을 거쳐서 오려고 다른 길로 둘러 갔다. 나는 푸르디푸른 식물을 살피느라 이따금 걸음을 멈추기도 하면서, 기분 좋은 풍경이 늘 내게 안겨 주는 즐거움과 재미를 느끼며 흥겹게 거닐었다. 그러다가 파리 근교에서는 흔히 볼 수 없지만 이 지역에서는 지천으로 피어 있는 식물을 두

가지 발견했다. 하나는 국화과의 쇠서나물이고, 다른 하나는 미나릿과의 시호(柴胡)였다. 나는 이 식물들을 발견한 것이 무엇보다 기뻐 한참 동안 혼자 즐거워하다가, 높은 지대에서는 좀처럼 보기 힘든 쇠별꽃도 발견했다. 그날 내가 사고를 당해 어수선한 상태에서도 그 쇠별꽃은 당시 내가 들고 있던 책 속에 그대로 있었고, 나는 그것을 내 식물 표본첩에 꽂아 두었다.

나는 아직 꽃이 피어 있는 다른 몇 가지 식물들도 하나하나 살펴보았다. 그것들의 모양이나 이름은 이미 잘 알고 있었지만, 그래도 변함없이 즐거운 일이었다. 나는 이윽고 꼼꼼한 관찰에서 풍경 전체를 바라볼 때의 인상 쪽으로 옮겨 갔는데, 거기서도 마찬가지로 유쾌하고 감동적인 느낌에 사로잡혔다. 며칠 전에 벌써 포도 수확은 끝나 있었다. 도시에서 온 산책자들의 모습은 더 이상 보이지 않았고, 농부들도 겨울 작업이 시작되기 전이라 밭에 나오지 않았다. 아직 초록빛이 서려 있어 보기가 좋았지만, 군데군데 잎이 떨어져 벌써 을씨년스러운 들판에는 다가오는 겨울과 고독의 그림자가 짙게 드리워져 있었다.

그런 광경을 보고 있자니 내 나이와 운명을 쏙 빼닮은 부드러움과 서글픔이 함께 느껴져, 그와 내 처지를 비교해 보지 않을 수 없었다. 사사로운 욕심 없이 깨끗하게 살았지만 불운한 말년을 보내고 있는 내 모습이 겹쳤다. 내 영혼은 아직 생동감이 넘치고 정신도 여전히 이 꽃 저 꽃으로 화사하지만, 그 꽃들은 이미 슬픔으로 시들고 고통으로 메말라 있었다. 홀로이 세상에 버려진 나는 첫서리의 추위가 몸속으로 스며드는 것을 느꼈고, 조금씩 말라 없어져 가는 내 상상력은 더 이상 내 마음이 만들어 낸 것들로 내 고독을 달래지 못했다.

　나는 한숨을 푸 내쉬며 혼잣말을 했다. 나는 그동안 이 세상에서 무얼 했던가? 살기 위해 태어났지만, 제대로 살지도 못하고 죽어 간다. 하지만 그게 내 잘못은 아니지 않은가. 내가 선행을 마음대로 베풀도록 사람들이 내버려두지 않아 나를 만든 창조자에게 선행이란 공물(供物)을 바치지는 못하겠지만, 좌절된 선의, 건강하고 온전하지만 아무 쓸모 없는 감정, 사람들의 멸시와 모욕을 견뎌 낸 인내심을 조공(朝貢)으로 바칠 수 있을 것이다. 그런 생각을 하니 내 처지가 안되고 애처로웠다. 나는 청년 시절부터 중년 시절을 거쳐 사회로부터 내가 격리당한 시절, 그리고 생의 마감을 앞두고 하게 된 은둔 생활 시절 동안의 내 영혼의 움직임을 뒤돌아보았다. 내가 받은 모든 애정, 더없이 따뜻하면서도 맹목적인 애착, 몇 년 전부터 내 정신이 자양분으로 삼고 있던 슬프기보다는 위로가 된 생각들을 너그럽게 다시 바라보았다. 그리고 내가 그것들에 몰두했을 때 느꼈던 즐거움과 거의 똑같은 즐거움을 느끼며, 그것들을 충분히 기억에 떠올려 글로 표현할 준비를 했다. 나는 그런 평화로운 명상을 하며 오후를 보냈고, 그렇게 그날 하루를 만족히 여기며 집으로 돌아오던 중 이제부터 이야기하려는 사건에 부닥뜨려 몽상의 절정에서 현실로 끌려 나왔다.

여섯 시쯤 나는 메닐몽탕 언덕길을 내려오다가 비스듬히 마주 보이는 갈랑 자르디니에 술집 간판을 쳐다보고 있었다. 그런데 갑자기 내 앞에서 걷던 사람들이 좌우로 쫙 갈라서더니 커다란 덴마크산 개 한 마리가 나를 향해 와락 덤벼드는 것이 보였다. 그 개는 사륜마차를 앞질러 냅다 달려 나오던 중이어서 나를 발견했을 때는 속도를 줄일 수도 방향을 바꿀 수도 없었다. 순간적으로 나는 바닥에 나가떨어지지 않을 유일한 방법이 내가 허공에 붕 떠 있는 동안 몸 밑으로 개가 지나칠 수 있게 때맞춰 풀쩍 뛰어오르는 것이라고 판단했다. 번개보다 더 빠른 속도로 내 머리에 떠오른 그 생각은 옳고 그름이나 실천 가능 여부를 따져 볼 겨를이 없었다. 아무튼 이것이 내가 사고를 당하기 전에 했던 마지막 생각이었다. 나는 제정신이 돌아올 때까지 내가 어떻게 부딪쳐 땅에 쓰러졌는지, 그다음에는 무슨 일이 있었는지 도무지 기억이 나지 않는다.

나는 밤이 다 되어서야 의식을 차렸다. 서너 명의 젊은 농부들이 간호를 하고 있었는데, 그들이 나에게 사고의 경위를 알려 주었다. 덴마크산 개는 달리던 속도를 줄이지 못하고 내 두 다리로 덤벼들었고, 나는 그 큰 몸뚱이와 빠른 속력에 세차게 받혀 앞으로 고꾸라졌다. 내 몸의 무게 전체가 위턱으로 쏠리는 바람에

턱 부분이 울퉁불퉁한 길바닥 돌에 부딪혔고, 내리막길에서 일어난 일이기에 머리가 발보다 낮은 쪽을 향했던 만큼 더 큰 타격을 입었다.

개의 주인이 타고 있던 사륜마차가 그 뒤를 따르고 있었기 때문에, 만약 그때 마부가 즉시 말고삐를 당겨 말을 세우지 않았더라면 나는 바퀴 밑에 깔리고 말았을 것이다. 이것이 나를 부축해 일으켜 앉히고 정신이 들 때까지 보살펴 준 사람들이 내게 해준 이야기였다. 당시 겪은 일이 너무 기괴해서 나는 여기에 그걸 쓰지 않을 수 없다.

밤이 이슥히 깊어져 가고 있었다. 하늘과 몇 개의 별과 나무와 풀들이 얼핏 눈에 띄었다. 나는 그것들을 감미롭다고 느꼈다. 기껏 그 정도의 감각이었지만, 그 순간 나는 삶에 눈을 뜨고, 눈에 보이는 모든 사물이 나라는 보잘것없는 존재로 가득 채워지는 것 같았다. 오로지 현재에 머물러 있어 과거의 일이 아무것도 머릿속에 떠오르지 않았다. 내 몸 상태가 어떤지 명확히 알지도 못했고, 방금 전에 일어난 일에 대해서도 전혀 짐작하지 못하고 있었다. 내가 누구인지, 내가 지금 어디에 있는지 몰랐다. 고통도, 걱정도, 불안도 느껴지지 않았다. 상처에서 피가 흐르고 있었다. 나는 그 피가 내 피라는 생각조차 하지 못한 채, 마치 개천에 물이 흐르는 것을 바라보듯 보고 있었다. 나는 온몸에 어떤 경이로운 평온이 퍼지는 걸 느꼈는데, 그 후로 그 순간을 떠올릴 때마다 내

가 경험한 쾌락의 작용을 통틀어 이것과 비교될 만한 것은 없다
는 생각이 들었다.

사람들이 나에게 어디 사느냐고 물었다. 나는 아무것도 생각
나지 않았다. 나는 도리어 여기가 어디냐고 물었다. 사람들은 '라
오트 보른'이라고 대답했는데, 내 귀에는 마치 '아틀라스산맥'에
있다는 말처럼 들렸다. 그래서 나는 내가 있는 나라와 도시와 거
리를 계속해서 묻지 않을 수 없었다. 그러나 그것만으로 제정신
을 차리기에는 충분치가 않았다. 그곳에서 큰길까지 걸음을 옮긴
다음에야 겨우 내 주소와 이름이 생각났다. 낯모르는 신사 한 분
이 친절하게 얼마 동안 나와 길을 함께 해 주었는데, 내가 꽤 먼
곳에 산다는 것을 알고는 탕플 광장에서 삯마차를 타고 집으로
가라고 조언했다. 나는 피를 계속하여 많이 뱉었지만 상처의 통
증을 느끼지도 않은 채 아주 잘, 가뿐가뿐 길을 걸었다. 하지만 깨
진 이가 오싹한 한기 때문에 딱딱 부딪혀 아주 성가셨다. 탕플 광
장에 도착하자, 나는 걷는 데는 큰 지장이 없으므로 삯마차 안에
서 추위에 얼어 죽느니 차라리 이대로 계속 걷는 편이 낫겠다고
생각했다. 나는 건강이 한창 좋을 때와 다름없이 힘들이지 않고
장애물과 마차를 피하면서 정확하게 길을 잘 들어 탕플 광장에서
플라트르에르 거리까지 약 이 킬로미터를 걸었다. 이윽고 나는
집에 도착해, 거리 쪽으로 나 있는 대문의 비밀 잠금장치를 열고,
어두운 계단을 올라 마침내 집 안으로 들어갔다. 그때까지도 자

초지종을 알 수 없었던 충돌 사고와 그 후유증 말고는 아무 별일이 없었다.

아내는 나를 보고 비명을 질렀다. 나는 그제야 내가 생각한 것보다 부상 정도가 심하다는 사실을 알았다. 하지만 그날 밤도 나는 부상의 위중함을 깨닫거나 통증을 느끼지 못하고 보냈다. 다음 날 아침에야 겨우 내 몸 상태를 알게 되었다. 윗입술은 안쪽으로 코 있는 데까지 찢어졌는데, 다행히 바깥쪽 피부가 잘 감싸서 완전히 터지지는 않았다. 윗니 네 개가 으깨지듯 들어가는 바람에 위턱을 덮고 있는 얼굴 부위가 퉁퉁 부어올랐고 시퍼렇게 멍이 들었다. 오른손 엄지는 뼈마디가 접질려 잔뜩 부풀어 올랐고, 왼손 엄지는 아주 심하게 다쳤으며, 왼팔도 어긋나 있었다. 왼 무릎도 역시 끔찍할 정도로 부어올랐는데, 부딪칠 때 생긴 상처의 통증이 너무 심해 제대로 굽혔다 펼 수도 없었다. 그러나 이렇게 한바탕 소동이 벌어졌는데도 이 하나가 부러지지 않았다. 바닥에 처참히 나뒹군 것에 비하면 기적 같은 행운이었다.

이상이 내가 실제로 당한 사고에 대한 진실의 이야기이다. 그런데 며칠 안 가서, 이 이야기는 종잡을 수 없을 정도로 완전히 변질되고 왜곡되어 파리 전역에 퍼졌다. 진실이 와전되는 것을 예상하여 대비했어야 했는데, 내가 너무 안이했다. 있지도 않은 사실이 턱없이 많이 덧붙여 건네지고, 애매모호한 설명과 망설임이 곁들여져 황당하기 짝이 없었다. 사람들이 우스꽝스러우리만치 조심스레 그 이야기를 내게 꺼내는 바람에, 나는 그런 비밀스러운 태도에 도리어 마음이 불안했다. 나는 늘 어둠을 증오했다. 어둠은 천성적으로 나에게 공포를 느끼게 했다. 몇 해 전부터 내 주변에서 일어난 어둠 속 사악한 일들은 거기에 대한 두려움을 한층 더 키웠다. 그 시기에 있었던 기이한 일 중 한 가지만 이야기하겠다. 그것만으로 다른 일들은 충분히 짐작할 수 있을 것이다.

치안 감독관 르누아르 씨와 나는 친분이 전혀 없는 사이다. 그런데 그가 내 소식을 알려고 비서를 보냈다. 비서를 통해 그는 당시로서는 나에게 아무런 도움이 안 되는, 간곡한 요청을 내놓았다. 비서는 그 요청을 받아들이라고 나에게 강하게 말하면서, 자기를 못 믿겠다면 르누아르 씨에게 직접 편지를 보내 물어보라고까지 했다. 그가 보인 각별한 호의와 왠지 모를 은밀함에, 나는 이 모든 것에 알아차리기 힘든 어떤 비밀이 있다는 걸 깨달았다. 지난번 사고 이후로 고열에 시달려 머릿속이 내둘렸던 나는 금방 겁에 질렸다. 불안하고 음울한 온갖 억측에 빠져들었고, 주변에서 일어나는 모든 일에 대해 엄정하고 침착한 대응보다는 열에 들떠 헛소리에 가까운 해석들을 갖다 붙였다.

그런데 내 마음의 평온함을 어지러뜨려 놓은 또 하나의 사건이 발생했다. 도르무아 부인은 최근 몇 년 동안 내 호감을 사려고 안달복달했는데, 나는 그 이유를 도저히 알 수 없었다. 짐짓 꾸민 작은 선물과 이유도 없고 아무런 느낌도 없는 잦은 방문에는 무슨 꿍꿍이가 있는 게 분명했지만, 실체가 무엇인지는 알 수 없었다. 그녀는 왕비에게 바칠 목적으로 쓰고 싶다는 소설에 대해 나에게 이야기한 적이 있다. 나는 여성 작가에 대한 나의 의견을 말했다. 그녀는 그 계획이 자기 재산을 되찾기 위한 것이라면서 도움이 필요하다고 했다. 나는 아무런 대답도 할 수가 없었다. 그 후 그녀는 왕비를 뵙고 승낙을 받을 방법이 도무지 없어서 우선 일반 사람들에게 자기 소설을 공개하기로 했다고 말했다. 나로서는 그녀가 내 조언을 원하지도 따르지도 않을 것이기 때문에 조언할 형편이 아니었다. 그녀는 미리 원고를 나에게 보여 주겠다고 했다. 나는 그렇게 하지 말라고 부탁했고, 그녀는 나에게 원고를 보여 주지 않았다.

그러던 어느 날, 그녀가 인쇄를 거쳐 제본까지 된 책을 나에게 보내왔다. 몸 상태가 차차 나아지던 시기였다. 나는 책의 서문에서 나에 대해 조잡하게 인위적으로 만들어 붙인 겉치레만 번지르르한 과한 찬사를 발견하고는 기분이 몹시 상했다. 그 글에서의 우악스러운 아첨은 결코 호의라 보기 어려웠고, 내 마음도 그런 것에 속아 넘어갈 리가 없었다.

그 뒤 며칠 후에 도르무아 부인이 딸과 함께 나를 찾아왔다. 그녀는 자신의 책이 주석 하나 때문에 엄청난 물의를 빚고 있다고 알려 주었다.[4] 나는 그 소설을 대강 훑어보았던 터라 그런 주석이 있다는 정도만 겨우 알고 있을 따름이었다. 도르무아 부인이 돌아간 뒤 나는 그 주석을 다시 읽고 표현 방식을 곰곰 따져 보았다. 나는 그제야 그녀의 방문 목적과 아부 섞인 말투, 서문에 쓴 과한 찬사의 이유를 알 것 같았다. 나는 이 모든 것이, 세상 사람들이 그 주석을 내가 쓴 것이라고 여기게 해, 내용이 공개되었을 때 저자가 받을 수 있는 비난을 나한테 떠넘기려는 목적에 따른 것이라고 판단했다.

나에게는 그런 소문이나 그로 인한 부정적 영향을 떨쳐 낼 방법이 전혀 없었다. 내가 할 수 있는 일이라고는, 도르무아 부인과 딸의 의미도 없고 과시적인 방문을 거절하여 사람들의 입방아에 내가 오르내리는 것을 막는 것뿐이었다. 그래서 나는 부인에게 다음과 같은 글쪽지를 보냈다.

루소는 그 어떤 작가의 방문도 받지 않을 것이므로, 도르무아 부인의 호의에는 감사드립니다만 앞으로는 아무쪼록 방문을 받는 영광을 베풀지 마실 것을 간청합니다.

---

4   쇼메 도르무아(Chaumet d'Ormoy, 1732~1791) 부인이 1777년에 발표한 《젊은 에멜리의 불행》이라는 책의 1부 뒷부분에 붙어 있는 주석에는 "군주들이 그들의 이름으로 자행되는 악덕을 알게 된다면 그들 자신들이 왕족임을 한탄할 것이다"라는 문구가 적혀 있다.

그녀가 답장을 보내왔다. 격식을 차린 예의 바른 답장이었지만, 그 표현에는 비슷한 경우에 사람들이 내게 보낸 편지에서처럼 좋지 않은 감정이 실려 있었다. 다정다감한 그녀의 가슴에 잔인하게 내가 비수를 꽂은 모양이었다. 편지의 어투만을 보면 나에 대한 그녀의 감정이 너무도 강렬하고 진지한 것이어서, 살아생전에는 그녀가 이 절교를 받아들이지 못할 것이라고 생각될 정도였다. 이처럼 매사에 올바르고 솔직하다는 것은 이 세상에서 끔찍한 죄악이 된다. 내 동시대 사람들이 보기에 나는 심술궂고 사나운 사람일 것이다. 내가 그들에게 지은 죄라곤 내가 그들과 달리 거짓되거나 신의 없는 사람이 아니라는 것뿐인데 말이다.

나는 벌써 여러 번 바깥출입을 했다. 가끔 튈르리 공원을 산책하기도 했는데, 거기서 만난 몇몇 사람이 나를 보고 흠칫 놀라는 표정을 보고, 내가 모르는 나에 대한 또 다른 소문이 있다는 걸 알았다. 알고 보니 내가 사고를 당해 죽었다는 소문이 온 동네에 무성했고, 그 소문이 너무도 빠르고 끈덕지게 퍼져 나가, 내가 그것을 알게 된 지 보름 남짓 후에는 국왕 부부가 그 소문을 확실한 사실로 화제에 올렸을 정도였다. 사람들이 특별히 신경을 써서 내게 보내 준 편지에 따르면 『아비뇽 통신(Le Courrier d'Avignon)』은 그 기쁜 소식을 전하면서 사람들이 내가 죽은 다음 나를 기리는 조의문(弔意問)에 집어넣으려고 준비한 모욕과 경멸의 언사를 이 기회에 앞당겨 게재했다고 한다.

이 소식에 그보다 한층 더 기이한 상황이 덧붙여져 사람들 사이에서 회자하고 있었다. 나도 그 일을 우연히 듣게 되었을 뿐 자세한 내막은 캐내야 할 판이었다. 아무튼 내가 죽었다는 소문과 함께 내 집에서 발견될 원고의 인쇄본에 대한 예약 신청이 시작되었다는 것이었다. 나는 이 일로 인해 사람들이 내 사후에 내가 쓴 것처럼 위조해 퍼뜨리려고 원고 뭉치를 미리 준비해 놓고 있다는 것을 알게 되었다. 실제로 발견될 내 원고들이 원문 그대로 충실하게 인쇄에 부쳐질 리 없다는 것쯤은 분별 있는 사람이라면 누구나 알 것이고, 지난 십오 년간의 경험을 통해 나는 그 점을 뼈저리게 배웠기 때문이다.

수상한 낌새가 하나둘 포착되고 그에 못지않게 놀라운 일들이 계속 이어지자, 무딜 대로 무뎌졌던 나의 상상력은 또다시 겁을 집어먹었다. 그리고 내 주변에서 쉼 없이 퍼붓듯 쏟아 내는 어둠 속 사악한 일들은 그런 것들에 대해 본디부터 내가 갖고 있던 공포심을 되살렸다. 나는 그 모든 일에 각양각색의 해석을 붙여 가며, 나로서는 도무지 납득할 수 없는 비밀스러운 일들을 이해하려고 애썼다. 그러나 그렇게 열심히 노력했지만 내가 얻은 건 고작 이전에 내가 내린 결론이 모두 맞다는 걸 확인한 것뿐이었다. 즉 내 한 몸과 내 평판의 운명은 현재의 모든 세대가 합심하여 정해 놓은 것이므로, 내가 아무리 발버둥을 쳐도 거기서 헤어날 수 없었다. 내가 다음 세대를 위해 어떤 물건을 남겨 둔다 해도 그것을 없애고자 하는 자들의 손을 거치지 않고는 다음 세대에 전달 자체가 불가능하기 때문이다.

하지만 이번에 나는 문제의 심층을 좀 더 파헤쳐 보았다. 우발적 상황들이 계속 발생하고 있고, 내 가장 잔인한 적들이 행운의 여신의 도움을 받아 승승장구하고 있으며, 또한 나라를 통치하는 사람들, 사회 여론을 이끌어 가는 사람들, 중요한 직책에 있는 사람들, 곳곳에서 신망을 얻고 있는 사람들, 이 모든 사람들이 마치 나에 대해 은밀한 적개심을 품고 있는 사람들 중에서 엄선된 듯 공동의 음모에 가담하고 있다는 것……, 이런 것들 사이에 상당한 일치점이 있다는 사실을 순전히 우연으로만 볼 수는 없다. 공범이 되길 거부하는 단 한 사람, 흐름에 역행하는 단 한 가지 사건, 장애가 될 만한 단 하나의 돌발 상황만 있었어도 결과는 실패로 돌아갔을 것이다.

그러나 모든 의지와 숙명과 운명, 그리고 급변한 모든 상황이 사람들로 하여금 행동을 감행하게 했다. 기적에 가까운 그런 놀라운 협력을 보면서, 나는 그들의 행동이 대성공을 거둘 것이라고 '신의 영원한 명령'에 이미 쓰여 있지 않았을까 하는 의심이 들었다. 과거나 현재에 있었던 일들을 여러모로 관찰해 본 결과 나는 내 생각이 틀리지 않았다는 확신이 들었고, 지금까지 인간의 사악함의 산물이라고 여겼던 그 행동을 이제는 인간의 이성으로는 간파할 수 없는 하늘의 이치 가운데 하나로 생각할 수밖에 없게 되었다.

이와 같은 생각은 나에게 잔인하고 비통하게 느껴지기는커
녕, 내 마음을 달래 주고 안심시키며 체념할 수 있도록 도와준
다. 나는 신의 뜻이라면 지옥에서 영원히 벌을 받는 고통도 달갑
게 받아들인다고 했던 성 아우구스티누스와 같은 경지에 이른 것
은 아니다. 나의 체념은 솔직히 말해 좀 더 이기적인, 그렇다고 덜
순수하지는 않으며, 내 생각으로는 내가 숭배하는 '완전한 존재'
에 걸맞다 싶은 원천에서 비롯된 것이다. 신은 정의롭다. 신은 내
가 고통받기를 원하지만, 내가 결백하다는 것도 알고 있다. 이것
이 바로 내가 그분을 신뢰하는 이유이다. 나의 마음과 이성은 그
신뢰가 나를 속이지 않을 것이라고 외치고 있다. 그러니 인간이
나 운명이 뭘 하든지 마음대로 하게 하자. 군말 없이 고통을 견디
어 참아 내는 법을 배우자. 결국에는 모든 것이 다 정상으로 돌아
올 터이고, 언젠가는 내 차례도 올 것이다.

(1776년 12월 말 또는 1777년 1월)

세 번째 산책

'철학자의 오두막'에서의 루소.
그는 파리 인근의 에르메농빌 공원 북서쪽에 위치한 지라르댕 후작의
별장에서 생애 마지막 시간을 보냈다. 루소는 지라르댕 후작이 만든
정원을 좋아했고 특히 '사막'으로 불렸던 곳에 매료되었다.

⚜

나는 늘 새로운 것을 배우면서 늙어 간다.

솔론[5]은 늘그막에 이 시구를 자주 말했다. 이 시구는 노년에 접어든 나 역시 절로 고개를 끄덕일 만큼 큰 의미를 담고 있다. 그런데 참으로 서글프게도 지난 이십 년 동안 내가 겪은 바에 따르면, 배우지 않아 아는 것이 없는 게 새롭게 배워 많이 아는 것보다 오히려 더 낫다는 것이다. 물론 괴롭고 어려운 환경은 훌륭한 스승이다. 그러나 이 스승은 비싼 수업료를 요구하기 때문에, 종종 거기서 얻는 이익이 지불한 비용만큼의 가치에 못 미치는 경우가 있다. 게다가 나이 들어 뒤늦게 공부를 하면 수업을 통해 지식을 미처 얻기도 전에 그것을 사용할 기회가 사라지고 만다. 청년 시절은 지혜를 배우는 시기이고, 노년 시절은 그것을 실천하는 시기이다. 물론 경험을 통해 항상 뭔가를 배울 수 있다는 말

---

5   솔론(Solon, B.C.640?~B.C.560?). 고대 그리스 아테네의 정치가·입법자·시인. 그리
     스 7현인(賢人)의 한 사람으로, 입헌 민주 정치의 기초를 세우고, 그리스인의 기
     본 미덕인 중용의 덕을 구현했다.

43

에 동의한다. 그러나 그 경험은 앞으로 남은 생에서만 도움이 될 뿐이다. 과연 죽음을 맞는 순간에 어떻게 삶을 살았어야 했는지를 배우는 것이 적절한 일일까?

아! 나의 운명과 그것을 좌지우지한 타인의 정념에 대해 이토록 늙은 나이에, 더구나 이렇게 갖은 고생 끝에 얻은 지식이 도대체 무슨 소용이 있겠는가? 내가 선한 사람과 악한 사람을 분간하는 법을 배운 이유는 사람들이 나를 어떻게 절망의 구렁텅이로 밀어 넣었는지를 더 잘 느끼기 위해서였다. 하지만 그 지식은 나에게 그들이 파 놓은 모든 함정을 찾아내게 해 주었을 뿐, 그중 어느 것도 피하게 해 주지는 못했다. 어째서 나는 그 빌어먹을 다정한 신뢰감 속에 계속 남아 있지 않았을까? 그 신뢰감 때문에 나는 그토록 오랜 세월 동안 떠들썩한 친구들의 먹잇감이자 노리개 노릇을 하곤 했는데, 나는 그들의 온갖 음모에 둘러싸여 있으면서도 그것에 대해 털끝만 한 의심도 없었다. 사실 나는 그들에게 속았고, 그들의 희생물이었다. 그런데도 나는 그들에게 사랑받고 있다고 믿었고, 그들이 내 마음에 불러일으킨 우정을 기꺼이 즐기면서 그만큼의 우정을 그들에게도 주었다. 그러나 나의 이런 달콤한 환상은 산산이 깨지고 말았다. 시간과 이성이 내 불행을 들여다보도록 분명하게 밝혀 준 슬픈 진실 덕분에 나는 내 불행에는 약이 없으며 체념 말고는 아무 대책도 없다는 것을 깨달았다. 따라서 내가 이 나이에 이르도록 얻은 모든 경험은 현재의 내 처지에 아무런 소용이 없고 미래에도 아무런 도움도 되지 않는다.

우리는 태어나면서 싸움터에 들어가, 죽어야 거기서 나온다. 싸움이 다 끝나가는 시점에 전차를 잘 모는 방법을 배운다 한들 무슨 소용이 있겠는가? 그때는 싸움터에서 어떻게 잘 빠져나올 것인가만 생각해야 하지 않겠는가? 노인에게 아직도 배워야 할 것이 남아 있다면, 그것은 오직 죽는 법뿐이다. 그러나 내 또래의 사람들이 가장 덜 생각하는 것이 바로 그것이다. 그들은 별별 것을 다 생각하면서도 그것만은 건너뛴다. 노인들은 아이들보다 더 생을 중히 여기고, 젊은 사람들보다 더 투덜거리며 생을 마감한다. 자신들의 모든 노고가 지금 살고 있는 이 세상을 위한 것이었는데, 생의 마지막에서야 자신들이 인생을 헛되이 살았다는 것을 깨닫기 때문이다. 평생 쏟은 정성, 평생 모은 재산, 불철주야로 노력해 이룬 성과, 이 모든 것은 죽을 때 모두 버리고 가야 한다. 그들은 죽을 때 가져갈 수 있는 것들을 살아 있는 동안 가져 볼 생각을 조금도 안 한다.

나는 지금까지 내가 말한 모든 문제를 나 자신은 어떻게 대했는지 마땅한 때에 자신에게 되물어 보았다. 비록 이와 같은 성찰을 내가 더 잘하지 못했다고 해도, 그건 내가 제때 성찰을 하지 않아서라거나 충분히 그것을 소화하지 못해서는 아니다. 나는 어려서부터 세상의 소용돌이 속에 내던져졌다. 나는 일찍이 경험을 통해 내가 이런 곳에 살기에 적합하지 않고, 여기에서는 내가 원하는 상태에 결코 도달하지 못하리라는 것을 알았다. 행복을 세상 사람들 사이에서 찾는 일을 포기하자, 불같은 내 상상력은 갓 시작된 내 인생 공간을 마치 나와 상관없는 곳이기라도 하듯 훌쩍 뛰어넘어, 내가 정착할 만한 평안한 장소를 골라 휴식을 취했다.

이런 감정은 어린 시절부터 교육으로 길러져 쌓였고, 평생토록 내 삶을 가득 채운 비참과 불운의 연속으로 강화되어, 나로 하여금 내 존재의 본질과 그 운명에 대해 유난하고 각별하게 관심과 정성을 기울여 탐구하게 했다. 나는 나보다 훨씬 박식한 철학자를 많이 만났지만, 그들의 철학이란 그들 자신에게조차 생소한 것이었다. 그들은 다른 사람들보다 더 유식해 보이고 싶어 우주를 관찰하고 우주의 구조를 연구했다. 마치 어떤 기계를 보고 괜한 호기심이 발동해 연구를 시작한 것처럼. 그들이 인간의 본성을 연구한 것은 자신의 유식을 드러내기 위해서이지 자기 자신을 알기 위해서가 아니었다. 그들이 공부한 이유는 남을 가르치기 위해서이지 자신의 내면을 성찰하기 위해서가 아니었다. 그들 중 몇몇은 책을 내서 사람들에게 알려지는 것만 중요했고 어떤 책을 내는지는 아무 상관없었다. 일단 원고가 완성되어 책으로 출간되고 나면, 사람들의 머릿속에 책을 들이밀거나 세간의 비판을 받아칠 때를 제외하고는 책의 내용에 대해선 어떤 관심도 없었다.

그뿐만 아니라 자기 책에서 도움될 만한 것을 끄집어내려 하지 않았고, 반박만 당하지 않는다면 책 내용이 참이든 거짓이든 신경 쓸 필요가 없다고 생각했다.

그러나 나의 경우, 배움에 대해 열망을 가졌던 건 나 자신을 알기 위해서였지 내가 배운 걸 남에게 가르치기 위해서가 아니었다. 나는 남들을 가르치기 전에 항상 내가 충분히 알고 있어야 한다고 생각했다. 그리고 내가 사람들 속에 살면서 하고자 했던 모든 연구는 설령 남은 생을 무인도에 갇혀 보내게 된다고 하더라도 여전히 그곳에서 혼자 계속 수행할 연구들뿐이었다. 행동의 당위성은 해야 한다고 굳게 믿는 우리의 마음에 주로 달려 있다. 본성의 일차적 욕구와 관련되는 것을 제외하면, 모든 것은 우리의 생각에 달려 있고, 그 생각이 바로 우리 행동의 기준이 된다. 나는 항상 이와 같은 원칙을 고수해 왔고, 그 속에서 내 인생의 올바른 사용법을 깨우치기 위해 줄곧 인생의 진정한 목표가 무엇인지를 발견하고자 했다. 그러나 곧 이 땅에서 그런 목표를 추구해서는 안 된다는 걸 깨달았고, 동시에 이 땅에서 능숙하게 처신할 재주가 내게 거의 없다 하더라도 그리 슬퍼할 필요는 없다고 스스로를 위로했다.

나는 좋은 풍속과 경건함이 가득한 가정에서 태어나 지혜롭고 신심이 깊은 목사의 집에서 온순하게 자라, 다른 사람들은 편견이라고 부를지도 모를 몇 가지 원칙과 규범을 아주 어렸을 때부터 지금까지 고스란히 지켜 왔다. 아직 어린아이인데다가 나 말고는 의지할 사람도 없고, 사탕발림에 넘어가고 허영심에 유혹 당하고 희망이라 착각하여, 그리고 어찌할 도리가 없어서 가톨릭 신자가 되었지만, 나는 여전히 개신교 신자였다. 그런데 곧 생활 습관으로 개신교가 자리를 잡으면서 내 마음은 새로운 종교에 큰 애착을 느꼈다. 바랑 부인[6]의 좋은 가르침과 모범은 이런 나의 애 착을 더 공고히 했다. 꽃다운 청춘을 한적한 전원에서 보내고 훌륭한 책에 깊이 열중했던 덕분에 나는 그녀 곁에서 감성이 더욱 깊고 풍부해졌고, 거의 페늘롱[7] 같은 독실한 신앙자가 되었다. 세 상일을 벗어나 은거하면서 명상에 잠기고 자연을 연구하고 우주 를 관찰하다 보면, 은거자는 조물주의 품에 끊임없이 뛰어들고, 감미로운 불안 속에서 자신의 눈에 비치는 모든 것의 목적과 자 신이 느끼는 모든 것의 원인을 찾으려 고민하게 마련이다.

---

6 루소는 1728년 3월 21일 그의 생애에 가장 중요한 여성이 될 바랑(Françoise -Lou-ise de Warens, 1699~1762) 남작 부인을 만난다. 그녀는 1713년 장교 출신인 세바 스티앙 이자크 드 루아와 결혼했으나 1727년 이혼했다. 열여섯 살의 루소는 당시 스물아홉 살인 그녀를 만나 첫눈에 매혹되었고, 1729년부터 1742년까지 그녀 곁에 머물렀다. 특히 1735년부터 1737년 봄까지 레 샤르메트(Les Charmettes)에 서 그녀와 함께 살면서 삶의 진정한 행복을 느꼈다. 그녀와 만난 지 오십 년이 되는 1778년 4월 12일 루소는 자신의 마지막 글이 될 《고독한 산책자의 몽상》의 〈열 번째 산책〉에서 바랑 부인과의 추억을 다시 떠올린다.

7 페늘롱(François de Salignac de La Mothe Fénelon, 1651~1715). 프랑스의 종교가·소 설가. 루이 14세 손자의 사부(師傅)로 있으면서 《텔레마크의 모험(Les Aventures de Télémaque)》를 썼다. 루소는 바랑 부인의 집에서 그의 책을 읽고 신앙의 본질 과 의미에 대해 많은 고민을 하게 된다.

운명이 나를 사회라는 격류 속으로 다시 내던졌을 때, 나는 거기서 단 한 순간도 내 마음을 달싹대게 하는 것을 찾지 못했다. 감미로운 여가에 대한 아쉬움은 어디든 나를 따라다녔고, 그로 인해 나는 나를 성공과 명예로 이끌 수 있는 주변의 모든 것에 무관심과 혐오를 느꼈다. 나는 내 욕망이 어디로 끓어오를지 갈피를 잡지 못해 기대도 별로 품지 않았고 얻는 것도 그다지 없었다. 번영의 서광이 비쳐 와 내가 구하려 했던 것을 모두 얻어 가진다 할지라도, 내 마음이 갈망하는 행복을 — 대상이 불분명하긴 하지만 — 거기서 결코 찾아내지 못할 것이라고 생각했다. 이처럼 모든 것이 나로 하여금 이 세상에 애정을 쏟지 못하게 했다. 나와 이 세상의 인연을 송두리째 끊어 버린 불행한 일이 발생하기도 전에 말이다. 나는 악한 성향을 갖고 있지는 않았지만 잘못된 습관으로 생긴 악덕에 휘둘렸고, 이성적으로 원칙을 정하지도 않고 요행으로 살았으며, 내 의무를 소홀히 여긴 것은 아니지만 종종 제대로 이해하지 못해 부주의한 채로, 곤궁함과 부유함, 지혜와 미망 사이를 우왕좌왕하면서 마흔 살에 이르렀다.

나는 청년 시절부터 마흔이라는 나이를 출세를 위한 모든 노력과 미래를 위한 모든 분야의 계획이 마무리되는 시점으로 정해 두었다. 마흔 살이 되면 어떤 처지에 놓여 있든 거기서 벗어나려고 몸부림치지 않고, 더 이상 앞날에 대해 근심 걱정하지 않으면서 그럭저럭 남은 인생을 살아가리라 굳게 결심했다. 그리고 마침내 그 순간이 내게 왔을 때 내 생각을 어려움 없이 실천에 옮겼다. 당시에는 성공 기회가 나에게 좀 더 주어졌으면 하는 바람[8]도 있었지만, 나는 후회 없이 한껏 기쁜 마음으로 그것을 포기했다. 그리고 모든 환상과 모든 헛된 기대를 벗어 내치고, 더없이 태평한 마음으로, 언제나 내가 가장 좋아했고 변함없이 관심을 기울였던 정신의 휴식 쪽을 온전히 취하기로 했다. 나는 사교계와 그곳의 세속적 허영을 떠났고, 모든 장신구를 내던졌다. 검(劍)과 시계, 흰 양말, 금장식 물건, 머리 장식을 버리고, 아주 소박한 가발 하나와 헐렁한 모직 옷 한 벌만 남겼다. 그뿐 아니라 내가 포기한 모든 것에 가치를 부여하던 허욕과 선망을 마음속에서 뿌리째 없애 버렸다. 적성에 전혀 맞지 않던 당시의 직업[9]도 버렸다. 그리고 나는 페이지당 얼마씩 돈을 받고 악보 베끼는 일을 시작했다. 나는 언제나 그 일이 적성에 맞다고 생각했다.

나는 나의 개혁을 외적인 부분에 한정하지 않았다. 나는 분명 힘이 더 드는 이 개혁이 내 신념에 대해서도 절실한 또 다른 개

---

8   루소는 1750년에 〈학문예술론(Discours sur les sciences et les arts)〉이라는 논문으로 디종 아카데미에서 상을 받고 전 유럽에서 논쟁의 중심인물로 떠오른다. 마흔 살이 되던 1752년에는 국왕 루이 15세 앞에서 단막 오페라 〈마을의 점쟁이(Le Devin du village)〉를 공연하여 큰 성공을 거둔다.

9   루소는 1743년 베네치아 주재 프랑스 대사인 몽테귀 백작의 비서로 일했으나, 대사와의 불화로 일 년 후 비서직을 그만둔다. 1746년에는 당시 사교계의 유명 인사였던 뒤팽 부인과 그의 의붓아들 프랑쾨유 밑에서 서기로 일하다 1751년에 그만두고 악보를 필사하는 일로 생계를 이어 갔다.

혁을 요구한다는 것을 느꼈다. 그리하여 똑같은 일을 반복하지 않기로 결심하고, 내 내면에 대해 엄밀히 검토를 시작했다. 내가 죽음의 순간에 내가 바라는 모습으로 나의 내면을 맞이할 수 있도록 남은 생애 동안 나의 내면을 조절하는 작업에 착수한 것이었다.

얼마 전 나의 내부 깊은 곳에서 일어난 큰 혁신, 나의 눈앞에 모습을 드러낸 또 다른 도덕의 세계, 내가 그로 인해 얼마나 희생을 치르게 될지 예상하지 못했지만 이미 불합리하다고 느끼기 시작했던 사람들의 몰상식한 판단, 그 흐릿한 기운만으로도 내게 혐오감을 끓어오르게 한 문학적 허영심 이외의 다른 명성에 대한 끊임없는 욕구, 남은 활동 기간 동안 이미 절반 이상 지나온 길보다 좀 더 확실한 길을 제시해 보고 싶다는 욕망, 이러한 모든 것이 나로 하여금 내가 오래전부터 필요하다고 느꼈던 것을 면밀히 검토하게 했다. 그리하여 나는 본격적인 계획 수립에 착수했고, 그것을 성공적으로 완수하기 위해 내가 할 수 있는 일은 무엇 하나 소홀히 하지 않았다.

내가 세상일을 완전히 떠나기로 결심한 것은 바로 이 무렵이었고, 그때부터 나는 고독에 대한 갈망을 항상 가슴에 품고 다녔다. 내가 계획한 작업은 완전한 은둔 속에서만 할 수 있는 것이었다. 그 작업은 시끄럽고 어수선한 사교계에선 불가능했고, 깊고도 조용한 명상이 있어야 가능했다. 그 때문에 나는 잠시 동안 지금까지와는 다른 삶의 방식을 가져야 했다. 그런데 금방 그 방식의 삶에 만족하여 그 이후로는 불가피한 사정이 있을 때만 아주 잠깐 중단했을 뿐, 기꺼운 마음으로 다시 그 방식으로 되돌아가서 가능한 한 빨리 활동의 범위를 한정했다. 그래서 훗날 사람들이 나를 혼자 지내도록 강제했을 때, 그들이 나를 불행하게 만들려고 격리시켰음에도, 나는 오히려 그게 내가 할 수 있는 것보다 내 행복에 더 크게 기여했다고 생각했다.

나는 내가 계획한 작업의 중요성과 필요성을 절실하게 느끼면서 그에 걸맞은 열의로 몰두했다. 그 무렵 나는 고대 철학자들과 닮은 데가 거의 없는 현대 철학자들과 교류를 나누고 있었다. 그런데 그들은 나의 의문을 풀어 주고 어물어물 망설이기만 하는 나를 대신해 결단을 내려 주기는커녕, 반드시 알아야 할 중요 사항들에 대해 내가 갖고 있던 확신마저 온통 흔들어 놓았다. 무신론의 열렬한 전도사이자 오만한 독단론자인 그들은, 어떤 문제든지 남들이 감히 자신들과 다른 생각을 한다는 것에 대해 불같이 화를 냈다. 나는 논쟁을 싫어했고 또한 논박할 재주도 없어서 대개 수동적인 태도를 보였다. 그러나 그렇다고 해서 그들의 한심한 이론을 받아들인 건 결코 아니었다. 배타적인 데다 자신들의 관점을 절대화했던 그들에게 그렇게 당돌히 대들었으니, 그들이 나에 대해 적의를 품은 것이 조금은 이해가 되기도 했다.

그들은 나를 설득하지 못했지만 나를 불안하게 했다. 그들의 논거는 나를 심란하게 했지만, 나의 동의를 이끌어 내는 데는 실패했다. 나는 그들의 논거에 대해 적절한 반론을 찾지 못했지만 분명히 찾을 수 있을 것 같은 느낌이 들었다. 나는 내가 오류를 범했을 것이라고는 생각하지 않았다. 다만 무능했을 것이라고 자책했다. 그리고 이성보다는 마음으로 더 잘 반론을 펼 수 있노라고 되뇌었다.

마침내 나는 혼잣말로 이렇게 부르짖었다. 그들 말재주꾼들이 설파하는 생각, 그들이 열심히 다른 사람들에게 강권하는 그 생각이 정말로 그들의 것인지 확신할 수도 없는데, 도대체 나는 언제까지 그들의 궤변에 휘둘리고 있어야 한단 말인가? 그들의 학설을 지배하고 있는 정념과 남들에게 이것저것 다 믿게 하려는 태도 등을 보면 그들 자신이 믿고 있는 게 무엇인지가 알쏭하기만 하다. 당파의 우두머리들에게 착한 마음을 기대하는 것은 무리일까? 그들의 철학은 타인을 위한 것이다. 나에게는 나를 위한 철학이 필요할 것 같다. 남은 내 인생을 인도할 안정된 행동 규범을 갖기 위해, 아직 때가 늦지 않았으니 혼신을 바쳐 그것을 찾아보도록 하자.

나는 이제 이해의 능력을 출중히 갖춰 인생의 원숙기에 이르렀다. 아니 이미 쇠퇴기에 접어들었는지 모르겠다. 이 이상 더 기다린다면 성찰하고 탐구하느라 지쳐 남은 힘도 제대로 써 보지 못할 것이다. 나의 지적 능력도 활력을 잃을 수 있고, 지금 같으면 최선을 다해 처리할 수 있는 일을 그렇게 하지 못할 수도 있을 것이다. 그러니 이렇게 말하는 바로 지금이 좋은 기회라고 생각하고 이 순간을 잡아야 할 것이다. 지금이야말로 나를 외적, 물질적으로 개혁하고 지적, 정신적으로 개혁할 때이다. 이번에는 반드시 내 소신과 원칙을 세우도록 하자. 많은 고민 끝에 단안을 내리는 만큼 그에 걸맞게 남은 인생을 보내자.

나는 나의 계획을 천천히, 여러 번에 걸쳐, 가능한 모든 노력과 주의를 기울여 실행했다. 내 여생의 안녕과 내 운명 전체가 거기에 달려 있다는 것이 가슴에 절실히 와닿았다. 처음에는 많은 장애와 곤란, 반대와 곡절, 암흑의 미궁 속을 헤매었기에 몇 번이나 모든 걸 포기하려고 했다. 아무짝에도 쓸모없는 연구는 일단 접고, 내 연구 대상을 사람들이 흔히 신중한 검토(prudence)라고 부르는 것을 기준으로 하되, 거기서 내가 근거를 밝히려고 해도 밝힐 수 없는 원칙 같은 것은 찾으려 들지 말자고 다짐하기도 했다. 그러나 신중한 검토라는 개념 자체가 나에게는 너무 낯설었고, 나는 그런 능력을 갖출 재간도 없다고 생각했다. 그것을 나의 지침으로 삼는 것은 폭풍우 치는 바다에서 키도 나침반도 없이 접근이 거의 불가능하고 그 어떤 항구도 비추어 주지 않는 등대를 찾는 것이나 다름없었다.

나는 나의 계획을 계속 추진하였다. 아마 이렇게 마음을 걷어 잡고 용기를 내어 본 것은 난생처음이었을 것이다. 그 계획이 성공한 덕분에 당시에는 전혀 낌새를 채지 못했지만, 그 무렵부터 나에게 닥쳐오기 시작한 저 끔찍한 운명을 견뎌 낼 수 있었다. 이제까지 그 누구도 해 본 적이 없었을 가장 적극적이고 진지한 탐구를 한 후에, 나는 내가 평생을 두고 지녀야 할 모든 견해에 대해 내 입장을 정했다. 설령 내가 이끌어 낸 결론에 오류가 있다고 하더라도, 그 오류에 대한 책임을 나에게 물어서는 안 될 것이다. 오류를 방지하기 위해 나는 최선을 다했기 때문이다. 어린 시절에 가졌던 편견과 마음속 은밀한 맹세가 나에게 가장 위안이 되는 쪽으로 나를 쏠리게 했을지도 모른다. 인간은 누구나 열렬히 원하는 것을 믿기 마련이다. 저세상의 심판을 믿느냐 믿지 않느냐에 따라 희망이나 두려움에 대한 신념이 달라진다는 것을 누가 의심할 수 있겠는가? 물론 이 모든 것이 내 판단을 흐리게 했을 수 있다. 그러나 그뿐. 내 성실성에 영향을 끼치지는 못했노라고 말할 수 있다. 나는 무엇에 관해서든 그릇된 오해를 두려워했기 때문이다. 만일 지금 살고 있는 세상을 어떻게 이용하느냐가 가장 중요한 문제였다면, 아직 시간이 있을 때 내 나름대로 최대의 이익을 끌어내기 위해, 그리고 세상의 그럴듯한 꾀에 속아 넘어가지 않기 위해, 나는 모든 방법을 알아내려 했을 것이다. 그러나 당시 마음속으로 내가 가장 두려워했던 것은, 일고의 가치도 없다고 생각했던 이 세상의 행복을 누리기 위해 내 영혼의 영원한 운명을 바쳐야 한다는 것이었다.

또 하나 고백할 게 있다. 나는 답을 찾지 못해 무진 애를 먹었고, 우리의 철학자들에게 귀가 따갑도록 들었던 그 모든 난제를 아직도 만족할 만큼 해결하지 못했다. 인간의 지성으로 거의 다루기조차 어려운 문제들에 대해 내 입장을 밝히겠다고 결심했지만, 불가사의한 사건과 대응 방법이 없는 반론이 곳곳에서 속출하는 것을 보고, 문제와 직접 관련되어 있고 가장 입증이 쉽고 신뢰도 높은 의견을 채택했을 뿐, 내가 대처할 수 없으며 상반된 체계 속에서 또 다른 논리에 의해 반박되고 있던 반론들에 대해서는 신경을 쓰지 않았다. 해결이 거의 불가능한 그런 문제들에 대해 독단적 기준으로 판정을 내리는 것은 돌팔이 전문가나 하는 짓이다. 그러나 자신의 고유 의견을 갖는 것, 가능한 한 충분히 성숙한 판단력으로 의견을 선택하는 것은 중요한 일이다. 그럼에도 불구하고 우리가 오류를 범한다면, 그건 우리 책임이 아니기 때문에 우리가 법정에서 처벌받는 일은 없을 것이다. 바로 이것이 내가 마음을 편히 가지는 데 근거가 되는 확고부동한 원칙이다.

내 험난한 탐구의 결과는 그 이후 발표된 〈사부아 보좌신부의 신앙 고백〉[10]에 그대로 담겨 있다. 이 작품은 현재의 세대에게 부

10 1762년 4월 말에 출간된 《사회 계약론(Du contrat social ou Principes du droit politique)》과 5월 22일 출간된 《에밀(Émile ou De l'éducation)》은 정부 당국과 고등 법원, 예수회의 분노를 샀다. 특히 《에밀》 제4권에 실린 〈사부아 보좌 신부의 신앙 고백〉은 당시 교권주의를 심각하게 위협하는 것으로 간주되었다. 6월 9일 《에밀》은 고등 법원에서 유죄를 선고받고, 동시에 루소에게는 체포령이 내려진다. 체포령을 계기로 루소는 스스로 선택한 고독으로부터 강요된 고독으로 유배당한다.

당한 비방과 모독을 당하고 있지만, 만일 언젠가 사람들의 마음에 상식과 선의가 다시 살아난다면 큰 혁신을 불러일으킬 것이다.

그때의 탐구 이후로 나는 오랜 시간에 걸친 사려 깊은 명상 끝에 내가 채택한 원칙들을 조용히 따르면서, 그것들을 내 행동과 신념의 확고부동한 기준으로 삼았다. 그리고 내가 해결책을 찾을 수 없었던 반론이나, 내가 예상하지 못했거나 최근에 가끔가다 머릿속에 출몰하는 반론에 대해서는 개의치 않기로 했다. 이따금 그 반론들 생각에 마음 한구석이 꺼림칙하긴 했지만 혼란에 빠지거나 하지는 않았다. 나는 항상 이렇게 다짐했다. 그 모든 것은 궤변이요, 추상적이고 뜬구름 잡는 말에 불과하다. 나의 이성이 채택하고 나의 마음이 확인하고, 나의 정념이 조용하고 은밀히 동의를 표한 근본 원칙들에 비한다면 아무런 소용 가치도 없는 것들이다.

인간의 지적 능력을 훨씬 뛰어넘는 문제들에 대해서, 내가 해결책을 찾을 수 없었던 반론 하나가 그토록 견고하게 다져지고, 그토록 많은 사색과 정성으로 형성된 학설을 과연 송두리째 무너뜨릴 수 있을까? 나의 이성과 나의 마음과 내 존재 전체와도 잘 어울리고, 다른 모든 학설에는 없는 듯 보이는 내적 동의도 갖춰 더욱 확고해진 학설을 말이다. 아마 그렇게 하지 못할 것이다. 사람들의 허황한 논거들은 내 불멸의 본성과 이 세상의 구조, 그리고 내가 보기에 이 세상을 지배하고 있는 물리적 질서 사이에 존재하는 일치를 결코 파괴하지 못할 것이다. 나는 물리적 질서에 상응하는 정신적 질서 — 그것의 체계를 밝히려 한 것이 내 탐구이다 — 속에서 내 비참한 삶을 견뎌 낼 수 있도록 해 줄 버팀돌을 찾아낸다. 만일 그렇지 못하면 나는 아무런 대책도 없이 살아갈 것이고 아무런 희망도 없이 죽어갈 것이다. 피조물 중에서 가장 불행한 피조물이 될 것이다. 그러니 운명이나 사람들 일에 참견하지 말고 나를 행복하게 해 줄 그 체계에 순순히 따르도록 하자.

나는 나를 돌아보는 작업을 통해 내가 이끌어 낸 결론이 신이 나에게 내 운명을 담담하게 받아들이고 또한 잘 견뎌 내라고 마련해 주신 것 같다는 생각이 들었다. 그렇지 않은가? 만일 내가 무자비한 박해자들을 피할 안전한 피신처도 없이, 그들이 이 땅에서 내게 겪게 한 치욕을 대갚음할 길도 없이, 또 당연히 받아 마땅한 정당한 심판을 언젠가 받을 거라는 희망도 없이, 이 세상 어떤 인간도 경험한 적 없는 지독스러운 운명에 내 몸을 송두리째 맡겨야 하는 처지였다면, 나를 기다리고 있던 그 끔찍한 불안 속에서, 급기야는 오갈 데 없는 늘그막 신세가 된 상황 속에서 나는 무엇이었고 또 앞으로는 무엇이 될 것인가? 나 스스로 아무런 허물이 없다고 생각하고 유유자적하면서 사람들이 나에게 보이는 존경과 호의를 믿고 있는 동안, 쉽게 속을 터놓고 쉽게 남을 믿는 성격이라 친구나 동료들에게 마음속에 있는 말을 다 쏟아내는 동안, 배반자들은 지옥 저편에서 공들여 만든 올가미로 비밀리에 나를 옭아 묶었다. 나는 불행 중에서 가장 난데없는 불행, 나처럼 자존심 강한 영혼에게는 너무나도 가혹한 불행에 기습당했다. 누구에 의해서인지, 또 무엇 때문인지도 모르는 채 진창 속으로 끌려 들어가 불명예의 늪에 빠져 버렸고, 사방에 불길한 것밖에 없는 섬뜩한 암흑에 에워싸여 있다가 그 최초의 습격을 받고 그만 고꾸라지고 말았다. 만일 내가 쓰러졌다가 다시 벌떡 일어날 수 있는 힘을 미리 비축해 두지 않았더라면, 그런 난데없는 불행이 마음에 가한 엄청난 타격을 극복하지 못했을 것이다.

　나는 그 후 몇 해 동안 혼란에 빠졌다가 마침내 정신을 다잡고 자기를 되돌아보기 시작하면서 괴롭고 어려운 환경을 위해 비축해 둔 방책의 가치를 깨달았다. 판단을 내릴 필요가 있는 모든 것에 대해 입장을 정한 나는 내가 세운 원칙과 내가 처한 상황을 비교해 보면서, 사람들의 몰상식한 판단과 이 짧은 인생의 사사로운 일들에 대해 내가 실제보다 과장되게 중요성을 강조했음을 알게 되었다. 사람의 인생이 여러 가지 시련으로 이루어진 하나의 상태에 불과하다고 할 때, 그 시련이 어떤 것인지는 별로 중요하지 않았다. 그 시련이 목표로 하는 효과가 발생하기만 하면 충분한 것이었다. 그래서 나는 시련이 크고 강하고 다양할수록 그것을 견뎌 낼 방법을 알아내기에 유리하다는 사실을 깨달았다. 아무리 심한 고통도, 거기에 크고 확실한 보상이 있다는 것을 알아차린 자 앞에서는 그 힘을 잃고 만다. 그리고 이런 보상에 대한 확신이야말로 앞서 내가 말한 명상에서 끌어낸 중요한 성과였다.

헤아릴 수 없이 많은 모욕과 도를 넘어선 치졸함이 사방에서 나를 공격해 올 때, 불안과 회의가 이따금 나를 찾아와 내 희망과 평정을 흔들어 놓은 것도 사실이다. 운명의 무게를 감당하지 못해 그야말로 절망의 늪에 빠져들려는 바로 그 순간, 내가 해결책을 찾을 수 없었던 강력한 반론들이 더 세차게 내 정신에 들이닥쳐 나를 완전히 쓰러뜨린 적도 있었다. 새롭게 논거를 제시하려고 해도 기존에 나를 괴롭혔던 논거들이 머릿속을 어지럽혀 엉망이 되어 버린 경우도 자주 있었다. 그럴 때면 나는 바짝바짝 죄어드는 가슴을 부여잡고 이렇게 혼잣말로 부르짖었다. 내가 이토록 운명에 가위 질려, 내 이성(理性)이 제공해 준 위안 속에서 망령된 생각만 찾는다면 누가 나를 절망에서 끌어내 준단 말인가? 이성이 자기가 만든 것을 스스로 파괴하면서, 괴롭고 어려운 환경에 처한 나를 위해 마련해 준 희망과 신뢰의 버팀돌을 다 무너뜨린다면? 이 세상에서 나에게만 위로가 되는 환상 같은 게 무슨 도움이 되겠는가?

오늘, 이 시대를 살아가는 사람들은 내가 자양분으로 삼고 있는 의견 속에서 오류와 편견만 볼 뿐이다. 그들은 나의 체계와 완전히 반대되는 체계에서 진리와 명증을 발견한다. 그들은 내가 온갖 정성을 기울여 체계를 확립했다는 사실도 믿지 않는 듯하다. 나 역시 열성적으로 달라붙어 나의 체계에 몰두하고 있지만 거기서 넘을 수 없는 난관만 발견할 뿐이다. 나는 그 난관을 극복할 수 없지만, 그렇다고 나의 작업을 멈출 수는 없다. 나 말고 현명함과 식견을 갖춘 사람은 아무도 없는가? 세상사가 다 그런 것이라는 말을 믿기 위해서는 세상사가 내 마음에 드는 일이기만 하면 되는가? 다른 사람들이 보기에도 황당무계하고, 내가 보기에도 나의 진심 어린 동의를 얻기 힘들 정도로 허황한 현상에 대해 내가 과연 전폭적인 신뢰를 보내도 되는 것일까? 내가 세운 원칙에 허망하게 매달려 나를 박해하는 자들의 공격에 아무 대응도 없이 시달리는 것보다, 차라리 그들이 세운 원칙을 끌어들여 똑같은 무기로 그들에 맞서 싸우는 편이 더 낫지 않았을까? 나는 스스로를 현명하다고 믿고 있지만 사실은 남의 꾐을 잘 듣고, 황당한 착오의 제물이 되어 무참히 고통받는 사람이다.

의혹과 불안의 나날을 보내면서 나는 얼마나 많이 절망에 빠져들 뻔했던가! 만일 내가 한 달 내내 그런 상태로 있었다면 나와 내 인생은 끝장에 이르렀을 것이다. 예전에도 그런 위기는 꽤 자주 있었지만, 그때는 늘 짧게 끝이 났다. 지금도 나는 그것들로부터 완전히 해방되었다고 할 수는 없다. 하지만 발생 빈도가 높지 않고 빨리 지나가기 때문에 내 안정을 깰 정도는 아니다. 그것은 가벼운 불안들이어서, 강물에 떨어진 깃털 하나가 물의 흐름을 못 바꾸듯 내 영혼에 별다른 영향을 못 미친다. 나는 앞서 언급한 문제들에 대해 내 나름의 입장을 정한 만큼, 그것을 다시 논의하려면 나에게 이전보다 더 새로운 지적 능력이나 좀 더 잘 훈련된 판단력, 진리에 대한 더 많은 열정이 필요하다고 생각했다. 그렇지만 지금의 나는 그 어느 것도 갖지 못했고 가질 수도 없으므로, 한창 혈기 왕성했고 오랜 숙고를 거쳐 정신이 성숙했으며 평온한 생활 속에 진리 탐구 밖의 다른 일에는 관심이 없던 시절에 채택한 의견을 제쳐 두고, 절망에 짓눌린 상태에서 내 마음의 비참함을 더 늘리기만 한 생각을 특별한 이유 없이 선택할 수는 없었다.

가슴은 고뇌로 옥죄어 오고, 영혼은 근심으로 힘이 쇠하고, 상상력은 놀라 겁을 먹고, 머리는 주변에서 일어나는 많은 불가사의한 일로 혼란에 빠져든 지금, 노쇠와 불안 때문에 모든 기능이 감퇴하여 패기를 상실한 지금, 내가 준비해 둔 모든 방책을 제멋대로 버릴 셈인가? 흠결 없고 원기 왕성한 젊은 날의 이성에게 신뢰를 보내 부당하게 겪고 있는 불행을 보상받지 않고, 쇠락해 가는 지금의 이성을 더 신뢰하여 애꿎게 자신만 더 불행하게 만들 것인가? 아니다. 나는 사회의 중차대한 문제들에 대해 내 입장을 정했을 때보다 더 현명해지지도, 더 박식해지지도, 더 선량해지지도 않았다. 오늘날 나를 혼란에 빠뜨리고 있는 난제들을 그때 내가 몰랐던 것은 아니다. 다만 그 난제들이 나의 탐구를 막지 못했을 뿐이다. 지금까지 전혀 생각지도 듣지도 못한 난제들이 새로이 등장한다 해도, 그것들은 궤변이요, 추상적이고 뜬구름 잡는 말에 불과하다. 그런 것들이 모든 시대의 현자와 모든 민족이 인정하여 인간의 마음에 각인시킨 영원한 진리를 함부로 흔들어 놓지는 못할 것이다. 나는 곰곰 생각한 뒤 이런 문제들이 감각의 제약을 받는 인간의 지적 능력으로는 속속들이 파악할 수 없는 것임을 깨달았다. 따라서 내 능력이 미치는 범위 이상의 일을 맡지 않기로 했다.

나의 방침은 참으로 합리적이었다. 나는 이미 오래전에 그와 같이 일을 치러 나가기로 방향을 정했고, 내 마음과 이성의 동의를 얻어 그것을 굳게 지켜왔다. 수없이 많은 강력한 동기들이 나에게 그 방침을 바꾸지 말라고 하는데, 오늘날 내가 무슨 근거로 그것을 포기해야 하는가? 그 방침을 따르면 어떤 위험이 있다는 것인가? 그것을 포기하면 내게 어떤 이익이 돌아오는가? 내 박해자들의 학설을 받아들인다면 그들의 도덕도 받아들일 것인가? 책을 통해 또는 무대 위의 화려한 연기로 과장하여 늘어놓지만, 사람의 마음속이나 이성은 조금도 파고들지는 못하는 그 허무맹랑한 도덕을? 혹은 그들을 추종하는 자들 사이에서만 통용되는 학설로서, 한편으로는 가면이나 자신들만의 행동 지침으로 사용하고 다른 한편으로 나를 공격할 때는 교묘한 실천 지침으로 사용하는 그 은밀하고 잔인한 도덕을? 이 도덕은 순전히 공격용이어서 방어에는 아무짝에도 쓸모없고 오로지 공격에만 쓸모가 있다. 오늘 내가 이 모양이 된 건 결국 그들 때문인데, 그 도덕이 내게 무슨 쓸모가 있겠는가? 불행에 빠져 살아온 나를 지탱해 준 것은 오직 나의 순수함(innocence)뿐이다. 만일 내가 이 하나밖에 없는 강력한 방책을 버리고 그 대신 악의(méchanceté)를 내세웠다면 나는 또 얼마나 더 불행해졌겠는가? 남에게 해를 입히는 기술에 있어 내가 그들의 수준을 따라잡을 수 있을까? 설령 내가 목적하는 바를 이룬다 해도, 내가 그들에게 가할 수 있는 고통이 나의 어떤 고통을 덜어 줄 수 있단 말인가? 자신의 가치와 능력에 대한 믿음만 잃을 뿐 나는 아무것도 얻는 게 없을 것이다.

이와 같이 나 자신과 옳고 그름을 따져 봄으로써 나의 원칙은 궤변과 같은 논거, 해결책을 제시할 수 없는 반론, 내 능력 또는 인간 정신의 능력을 넘어서는 난제 등에 더 이상 흔들리지 않게 되었다. 나의 정신은 내가 최대의 노력을 기울여 제공한 굳고 단단한 기반 위에 있는 데다 양심(conscience)의 보호까지 받고 있어서, 옛것이든 새것이든 그 어떤 낯선 학설에도 휘둘리지 않았으며, 평정을 잃지 않고 꿋꿋이 버텨 내고 참아 냈다. 한때 나는 정신이 무기력해지고 둔해져서 내 신념과 규범의 밑바탕이 되었던 추론 능력(raisonnement)마저 잊어버렸다. 하지만 앞으로는 나의 양심과 이성의 동의를 얻어 이끌어 낸 결론들은 결코 잊지 않을 것이며, 이 다짐을 계속 굳게 지켜 나갈 것이다. 온갖 철학자들이 궤변을 늘어놓으며 트집을 잡아 봤자, 시간만 버리는 헛수고일 뿐이다. 나는 살아 있는 동안 내가 가장 현명한 선택을 할 수 있었던 시절에 택한 방침을 모든 일마다 굳게 지켜 나갈 것이다.

앞으로 일을 치러 나갈 방향을 이렇게 정리하자 마음이 평온해졌다. 나는 거기에서 자기 자신을 확인하며 만족을 얻고, 현재의 내 처지에 필요한 희망과 위안을 찾는다. 지금 생각해 보면 부당한 일이지만, 그토록 철저하고 지속적이고 서글픈 고독, 현시대 세상 모든 사람의 과민하고 격렬한 적의, 그들이 끊임없이 퍼붓는 모욕, 이 모든 것이 나를 한없이 깊은 절망에 빠뜨렸다. 산란한 희망과 의기소침해진 설의(設疑)는 여전히 이따금 내 영혼을 찾아와 뒤흔들어 놓고 슬픔으로 가득 채운다. 그럴 때면 나는 우왕좌왕 갈피를 못 잡고 허둥대다가 지난날의 결심을 힘껏 떠올린다. 그렇게 하면 그 결심을 내가 했을 때 쏟았던 정성과 주의와 진솔한 마음이 기억 속에 되살아나 나에 대한 신뢰를 모두 되찾아 준다. 나는 나에게 해를 끼치는 오류와 마찬가지로 새로이 등장한 생각들을 이 방식으로 배격한다. 그런 것들은 우리가 만들어 낸 허상에 불과한 것으로, 내 휴식을 뒤흔들어 놓기만 한다.

나는 주로 옛것을 익히며 지식을 쌓았다. 그처럼 범위가 한정되다 보니, 솔론처럼 늙어가면서 늘 새로운 것을 배우는 행복을 누리지 못한다. 더군다나 앞으로는 제대로 알 수 없는데도 배우고 싶어 하는 위험한 교만을 멀리하기도 해야 한다. 그러나 비록 내게 필요한 지식 중에 배우고 싶은 건 없을지언정, 내 어려운 상황을 극복하는 데 필요한 덕목(vertu) 중에는 아직도 배워야 할 중요한 것들이 많다. 그런 점에서 이제 내 영혼은 자신의 시야를 가려 맹목에 빠지게 하는 육체로부터 해방되어, 진리의 본모습을 직접 접하면서 우리 엉터리 학자들이 자랑삼아 떠벌리는 그 모든 지식의 빈곤함을 깨닫고, 자신이 경험을 통해 얻은 학문과 식견으로 자신을 풍성하고 아름답게 만들어야 할 것이다. 그때 내 영혼은 텅 빈 그 모든 지식을 얻으려고 이 세상에서 허비한 시간을 생각하고는 한탄을 토해 낼 것이다. 하지만 인내심, 온화함, 인종(忍從), 청렴, 공정한 정의 같은 것들은 우리가 자신과 함께 가져갈 수 있는 재산으로, 우리가 죽는다고 해서 그 가치가 사라지지는 않을 것이다. 나는 바로 이런 유일하고 유익한 연구에 내 노년을 바치고 있다. 이를 통해 나 자신이 발전하고, 이 세상에 나왔을 때보다 더 훌륭한 모습은 아닐지라도 (그건 불가능한 것이니까) 더 덕성스러운 모습으로 이 세상을 떠나는 법을 배울 수 있다면 더할 나위 없이 행복할지니.

(1777년 1월부터 9월)

네 번째 산책

'훔친 리본' 사건을 다룬 《고백》의 삽화.
루소는 하인으로 일하던 때에 리본을 훔치고
그 죄를 어린 하녀에게 뒤집어 씌웠다고 고백했다.

요즘도 가끔 들춰 보는 몇 안 되는 책의 저자들 중에 내 마음을 가장 사로잡고 내게 가장 도움이 되는 이는 플루타르코스[11]이다. 그의 책은 내가 어렸을 적 처음으로 읽었던 책이며 노년의 내가 마지막으로 읽을 책이 될 것이다. 그는 읽을 때마다 나에게 뭔가를 얻을 수 있게 한 거의 유일한 작가이다. 그저께 나는 그의 《모랄리아(Moralia)》에 실린 〈적에게서 이득을 얻는 법〉이라는 작은 논설(論說)을 읽었다.

나는 바로 그날 최근에 몇몇 저자들이 나에게 보내 준 소책자들을 정리하다가 로지에 신부의 월간지 하나에 눈이 갔다. 그 겉장에는 "진리를 위해 목숨을 바친 사람에게, 로지에"라고 쓰여 있었다.[12] 이런 종류의 사람들이 사용하는 표현에 이골이 난 터라 거기에 속아 넘어가진 않았지만, 그의 정중한 태도 밑에 나에 대

---

11   플루타르코스(Ploutarchos, 46?~120?). 그리스의 철학자·전기 작가. 유럽의 수필, 전기, 역사 저술 발전에 큰 영향을 주었다. 저서에 그리스와 로마의 군인, 입법자, 웅변가, 정치가들의 고상한 행동과 성격들을 상세히 기술한 《영웅전》과 윤리·종교·물리·정치·문학적 주제들에 대한 60편 이상의 수필을 모아 엮은 《모랄리아》 따위가 있다.

한 잔인한 아이러니가 서려 있음을 알아차렸다. 대관절 그는 무슨 근거로 그런 말을 했을까? 왜 그렇게 빈정거렸을까? 내가 무슨 잘못을 저질렀단 말인가? 나는 그 훌륭한 플루타르코스의 명구(銘句)를 충분히 활용하기 위해, 이튿날 산책을 거짓말에 대해 나 자신을 돌이켜 살펴보는 데 할애하기로 했다. 물론 나는 델포이 신전의 '너 자신을 알라'[13]라는 말이 내가 《고백》에서 생각했던 것처럼 그렇게 따르기 쉬운 격언이 아님을 다시 한번 확인하고 산책을 나섰다.

이튿날 나는 결심한 바를 실행에 옮기기 위해 걸음을 떼 놓았다. 그때 내 마음속에 맨 먼저 떠오른 생각은 소년 시절 내가 했던 끔찍한 거짓말에 관한 것이었다.[14] 그 기억은 평생토록 나를 고통스럽게 했고, 늙은이가 되어 버린 지금까지도 이미 다른 많

---

12   루소는 《달랑베르에게 보내는 편지(Lettre à D'Alembert sur les spectacles)》에서 다음과 같이 말했다. "어떤 개인의 목적도 결코 나로 하여금 펜을 들게 했던 욕망, 즉 다른 사람들에게 유용하기를 바라는 욕망을 훼손한 적이 없다. 나는 거의 언제나 나 자신의 이익에 반대되는 글을 썼다. '진리를 위해 목숨을 바치다(Vitam impendere vero)' 이것이 내가 선택한 좌우명이며 나는 내가 여기에 합당하다고 생각한다." 이 라틴어 문장은 루소가 로마의 풍자 시인인 유베날리스(Juvenalis)에게서 따온 것이다.

13   그리스 파르나소스산 중턱의 고대 도시 델포이의 아폴론 신전 박공에 새겨져 있는 소크라테스의 유명한 격언 '너 자신을 알라'를 말한다.

14   1728년 루소는 토리노의 베르첼리스 부인 집에서 3개월 동안 하인 노릇을 한다. 하인이 된 지 얼마 지나지 않아 베르첼리스 부인이 죽었을 때 리본을 훔치고는 그것이 발각되자 하녀 마리옹이 리본을 자기에게 주었다고 마리옹을 무고한 후 그녀와 함께 해고된다. 루소는 《고백》을 쓰게 된 주요 동기 중 하나가 마리옹에 대한 죄책감을 덜기 위해서라고 말할 정도로 이 사건을 심각하게 받아들였다.

은 일로 비탄에 잠긴 내 마음을 더 슬프게 만든다. 그 거짓말은 그것만으로도 큰 죄(罪)였지만, 그것이 불러온 결과 때문에 더 무거운 죄가 되었을 것임에 틀림없다. 나는 그 결과에 대해서 여전히 모르고 있으나, 이처럼 지금도 후회스러운 것으로 보아 무척 가혹했을 것이다. 그러나 거짓말을 했을 당시 내가 마음속에 품고 있던 생각만 따져 본다면, 그 거짓말은 내 못난 수치심 탓이었지 그것에 희생된 여자에게 내가 해코지를 가하려는 의도에서 나온 것은 결코 아니었다. 하늘을 두고 맹세하건대, 나도 어찌할 수 없었던 수치심 때문에 거짓말을 한 바로 그 순간으로 돌아가서 그것이 불러온 결과를 오직 내 탓으로 바꿀 수만 있었다면, 나는 기꺼이 목숨이라도 걸었을 것이다. 돌이켜 보면 그 순간 나는 말로 설명하기란 어려운 정신의 착란 상태에 있었기 때문에 내 소심한 천성이 선하고 훌륭하게 살겠다고 하느님에게 약속한 내 마음속 모든 맹세를 굴복시켰던 듯하다.

그 유감스러운 행동에 대한 기억과 그것이 내게 남긴 지울 수 없는 후회는 나에게 거짓말에 대한 공포심을 안겨 주었고, 그 후 평생 동안 거짓말이라는 악덕으로부터 내 마음을 지켜 주었다. 내가 내 좌우명을 선택했을 때 나는 나 자신이 그에 꼭 들어맞는 사람이라고 생각했다. 그리고 로지에 신부의 문구(文句)를 보고 진지하게 나 자신을 돌이켜 보았을 때도 나는 역시 그에 걸맞은 사람임을 믿어 의심치 않았다.

나는 산책을 하면서 지난날의 나를 다시금 돌아보았다. 그 결과 나는 내가 진실에 대한 사랑을 자랑스레 여기고, 그 누구보다 공정한 태도로 진실을 위해 내 안전과 이해관계와 내 한 몸을 희생시켰노라고 생각했던 그즈음에 다른 한편에서는 내가 진실이라 여기고 말했던 많은 것들이 실은 진실처럼 꾸며 만든 것임을 발견하고는 깜짝 놀랐다.

　내가 더 놀란 것은, 그런 날조된 사실을 떠올리면서도 내가 그것에 대해 진정으로 뉘우치지 않았다는 점이다. 나는 허위에 대한 혐오가 마음속 깊이 뿌리박혀 있는 사람이고, 거짓말로 형벌을 피하느니 차라리 형벌을 달게 받았을 사람인데, 그런 내가 필요도 이득도 없는 거짓말을 아무렇지도 않은 듯 해댔다니 참으로 기이한 모순이 아닐 수 없다. 거짓말 하나 때문에 오십 년 동안 줄곧 뉘우치고 한탄했던 내가 이 무슨 어이없는 자가당착에 빠져 일말의 후회도 느끼지 않았던 것일까? 나는 내가 저지른 잘못을 무시하거나 모른 척 피한 적이 결코 없다. 도덕적 본능은 항상 나를 바른길로 가도록 이끌어 주었고, 나의 양심은 최초의 순결함을 그대로 유지하고 있었다. 설령 나의 양심이 나의 이해관계에 굴복하여 변질되는 경우가 발생해도, 정념의 압력에 떠밀린 인간이 자신의 나약함을 핑계로 빠져나갈 수 있는 그런 상황에서도 나의 양심은 그 공정함을 꾸준히 유지하려고 했건만, 어찌하여 도덕에 맞지 않는 구석이라곤 한 군데도 없는 무해무득한 사안에 대해서 그 공정함을 잃어버릴 수 있단 말인가? 나는 이 문제의 해결은 내가 여기에 대해 정확한 판단을 내릴 수 있느냐 없느냐에 달려 있다고 보았다. 나는 여러 번의 숙고 끝에 마침내 내가 납득할 만한 방법을 찾았다.

나는 어떤 철학책에서 거짓말을 한다는 것은 드러내야 할 진실을 숨기는 것이라고 쓰여 있는 것을 읽은 적이 있다. 이 정의에 따르면, 굳이 말하지 않아도 되는 진실에 대해 말하지 않고 있는 것은 결론적으로 거짓말이 아니라는 것이 된다. 그런데 혹시 진실과 완전히 반대되는 것을 말하는 사람이 있다면 그는 거짓말을 한 것인가 하지 않은 것인가? 내가 읽은 책에 따른다면 그가 거짓말을 한 것이라 말할 수 없을 것이다. 돈이나 물건을 빌려 쓴 적이 없는 어떤 사람에게 가짜 지폐를 준다고 해서, 그 행위가 그 사람을 속인 것은 맞지만, 그 사람에게서 뭘 훔친 것은 아니기 때문이다.

여기서 우리가 꼼꼼히 따져 봐야 할 두 가지 문제가 생긴다. 첫째 문제, 항상 진실을 말로 드러내 놓아야 하는 것은 아니라면 언제 어떻게 타인에게 진실을 말해야 하는가이다. 둘째 문제, 아무런 악의 없이 사람을 속이는 경우가 있는가 하는 것이다. 둘째 문제에 대해서는 의견이 두 갈래로 갈라졌으며, 나도 그것을 잘 알고 있다. 매우 엄격한 도덕의 적용을 강조하는 저자들의 책에서는 그런 경우가 불가능하다고 나와 있고, 책 속의 도덕을 실천 불가능한 객소리로 간주하는 사교계에서는 그런 경우가 가능하다고 한다. 그러니 이른바 권위자라 일컬어지는 이들의 엇갈린 견해 따위는 제쳐 두고, 나 자신의 원칙에 바탕을 두고 나 자신을 위해 이 문제들을 해결하도록 하자.

보편적이고 절대적인 진실은 인간의 가장 소중한 재산이다. 그것이 없으면 인간은 한 치 앞도 못 본다. 그것은 이성의 눈이나 다름이 없다. 그것을 통해 인간은 세상을 살아가는 데 어떤 몸가짐이나 행동을 해야 하는지, 어떤 존재가 되어야 하는지, 무슨 일을 해야 하는지, 진정한 목적을 어떻게 지향해야 하는지를 배운다. 특수하고 개인적인 진실은 항상 선하지 않을 수 있다. 그것은 때때로 악하기도 하며, 무해무득한 것일 때도 많다. 한 사람이 꼭 알아야 할 것이 있다고 하자. 그런데 그것을 안다고 해서 그가 반드시 행복해지는 경우는 그리 많지 않을 것이다. 그 수가 많고 적음을 떠나, 한 사람이 꼭 알아야 할 것은 그 사람에게 속한 재산이다. 그것이 어디에 있든 그는 그것을 요구할 권리가 있다. 도둑질 중에서 가장 부당한 도둑질을 동원하지 않는 한 그에게서 그것을 빼앗을 수 없다. 그 재산은 모든 사람에게 공통된 재산으로, 타인에게 전한다고 해서 준 사람의 권리가 박탈당하는 것은 아니기 때문이다.

지식 습득이나 실천의 측면에서 어떤 종류의 유용성도 없는 진실이라면, 어떻게 그것을 우리가 마땅히 지녀야 할 재산이라

할 수 있겠는가? 그것은 재산도 아니다. 소유는 오로지 유용성을 기반으로 하는 것이므로, 유용하게 쓰일 가능성이 전혀 없는 곳에서는 소유라는 것도 있을 수 없다. 사람들이 불모지나 다름없는 땅을 요구하는 경우가 있는데, 이런 경우는 적어도 그 땅에서 자리를 잡고 살 수는 있기 때문이다. 그러나 아무래도 상관없고 누구도 중요하게 여기지 않을 별 볼 일 없는 사실이라면, 그것의 참·거짓 여부는 그 누구의 관심도 끌지 못한다. 물질의 영역에서든 정신의 영역에서든 무용한 것은 없다. 아무짝에도 쓸모없는 것에는 아무런 대가를 치르지 않아도 된다. 무엇이든 대가를 얻으려면, 유용하거나 유용할 가능성이 있어야 한다. 그러므로 합당한 대우를 받고 있는 진실은 올바른 진실로 봐야 한다. 있으나 없으나 별로 상관이 없고, 알아봤자 아무 소용도 없는 하찮은 것에 진실이라는 이름을 붙여 준다면, 그건 진실이라는 숭고한 이름을 더럽히는 것이다. 유용성이 전혀 없거나 유용할 가능성조차 없는 진실은 합당한 대우를 받을 자격이 없고, 따라서 그런 진실에 대해 아무 말 없이 가만히 있거나 그것을 숨기는 것은 거짓말을 하는 것이 아니다.

그런데 정말 아무짝에도 쓸모없을 만큼 철저하게 가치가 없는 진실이라는 것이 과연 있을까? 이것은 또 다른 논의가 요구되는 사항이므로 나중에 다시 언급하는 것이 바람직하다. 일단은 둘째 문제로 넘어가 살펴보자.

참(vrai)인 것을 말하지 않는 것과 거짓(faux)인 것을 말하는 것은 서로 다른 행위이지만, 그럼에도 똑같은 효과를 불러올 수 있다. 두 행위 모두 아무 효과가 없을 경우, 그 결과도 마찬가지이기 때문이다. 진실이 아무런 관심을 끌지 못하는 곳에서는 반대되는 것 또한 아무런 관심을 끌지 못한다. 따라서 그 경우에는 진실과 반대되는 것을 말함으로써 속이는 사람이, 진실인 것을 말하지 않음으로써 속이는 사람보다 더 이치에 어긋난다고 할 수 없다. 쓸모가 없는 진실에 관한 한, 오류가 무지보다 더 나쁠 것이 전혀 없기 때문이다. 바다 밑 모래가 하얀색이라고 생각하건 붉은색이라 생각하건, 또는 그 모래가 무슨 색깔인지를 모르건, 사실 별로 중요하지 않다. 이치에 어긋난다는 말은 남에게 손해를 끼쳤을 때만 성립되는 것인데, 그 누구에게도 손해를 끼친 일이 없는데 어떻게 이치에 어긋난다고 말할 수 있겠는가?

나 나름대로 위에 언급된 두 가지 문제에 대해서 간략하게 옳고 그름을 판단해 보긴 했지만, 이런 방식이 실전에서 통할지는 확실하지 않다. 발생 가능한 모든 경우에 정확하게 적용하기 위해서는 무엇보다 먼저 충분한 설명이 있어야 할 것 같다. 진실을 말할 의무가 오로지 진실의 유용성을 근거로 결정된다면, 과연 내가 그 유용성을 잘 판별할 수 있을까? 어떤 사람의 이익이 다른 사람의 손해가 되는 일이 수두룩하고, 개인의 이해관계와 공공의 이해관계는 거의 언제나 서로 대립하고 있다. 이런 경우

나는 어떻게 처신해야 하는가? 지금 나와 이야기를 나누고 있는 상대방의 이익을 위해 그 자리에 없는 사람의 이익을 희생시켜야 하는가? 한 사람은 이익을 보고 다른 사람은 손해를 보는 진실에 대해선 말을 해야 하는가, 아니면 하지 말아야 하는가? 말을 할 것인지 말 것인지를 정할 때 항상 공공의 이익이나 배분적 정의를 기준으로 해야 하는가? 내가 갖고 있는 지식을 늘 공정하게 분배할 수 있을 정도로 나는 사물의 모든 관계를 충분히 파악하고 있는가? 타인에 대해 마땅히 해야 할 일을 검토하면서, 나 자신에 대해, 그리고 진실 그 자체에 대해 내가 해야 할 일은 충분히 검토하였는가? 남을 속이긴 했지만 그에게 손해를 끼친 건 아니라고 해서 나 자신에게도 아무런 해를 끼치지 않았다고 할 수 있을까? 결코 이치에 어긋난 적이 없다는 것만으로 항상 결백하다는 것을 증명할 수 있는가?

이처럼 대답하기 성가신 문제가 한두 가지가 아니다. 차라리 다음과 같이 말하고 논쟁에서 빠져나오는 편이 나을지 모른다. 무슨 일이 있더라도 항상 진실만을 말하자. 정의는 사물의 거짓 없는 모습이나 내용 속에 있다. 사람이 마땅히 따르거나 신뢰해야 할 규칙에 속하지 않는 것을 제공할 때, 거짓말은 항상 부당한 행위가 되고 오류는 항상 남을 속이는 행위가 된다. 진실을 통해 밝혀질 결과가 무엇이든, 진실을 말하면 절대 죄인이 되는 일은 없다. 거기에 자기 개인의 생각이 전혀 들어가 있지 않았기 때문이다.

그러나 이런 식으로 논쟁을 처리하면 문제를 해결하지 않은 채 덮어 버리는 것과 마찬가지가 되고 만다. 여기서 중요한 것은 항상 진실을 말하는 것이 옳은지 아닌지를 판정하는 것이 아니라, 항상 똑같이 진실을 말해야 하는지를 판정하는 것이다. 그리고 내가 지금까지 검토한 정의(定義)에 따라 그럴 필요가 없다고 가정한다면, 진실에 대해 전적으로 응당한 대우를 해야 하는 경우와 이치에 어긋나지 않은 선에서 침묵하거나 거짓말을 하지 않고 진실을 숨길 수 있는 경우를 구분해 생각하는 것이 필요하다. 내가 겪은 일을 떠올려 보니, 실제로 그런 경우들이 존재했다. 다시금 강조하지만 여기서 중요한 것은 그런 경우를 분별할 줄 알고 또 제대로 그 내용이나 성격 따위를 밝히기 위한 규칙을 찾는 것이다.

그런데 그런 규칙과 그 규칙에 잘못이 있을 수 없다는 것을 어떻게 증명한단 말인가? 이와 같은 까다로운 도덕상의 문제에 대해서 나는 항상 이성의 설명보다는 양심의 가르침을 따르는 편이 좋다고 생각한다. 도덕적 본능은 나를 배신한 적이 없다. 그것은 예나 지금이나 내가 굳게 믿고 의지할 정도로 내 마음속에서 순수성을 유지해 왔다. 때때로 내가 행동에 나설 때 나의 정념 앞에서 잠자코 있기는 하지만, 나의 기억 속에서만큼은 정념을 제어할 힘을 되찾는다. 바로 거기 나는 생을 마감한 뒤 최고 심판자에게 심판을 받을 때와 같이 나 자신을 준엄하게 심판하는 것이다.

사람들의 말을 그것이 가져오는 결과로 판단하다 보면 종종 그 말의 가치를 잘못 평가하게 된다. 어떤 말의 결과라는 것이 항상 명백하거나 쉽게 파악할 수 있는 게 아닐뿐더러, 그 말을 한 상황에 따라 한없이 변하기 때문이다. 사람의 말을 평가하고 그 말의 악의나 선의의 정도를 판정하는 데 가장 중요한 것은 그 말을 한 사람의 의도다. 거짓을 말하는 것은 상대를 속이려는 의도가 들어 있어야 성립한다. 상대를 속이려는 의도라 할지라도, 해를 끼치려는 의도와 항상 결부되는 것은 아니며 때로는 정반대의 목적을 지니기도 한다. 그러나 거짓말이 악의 없는 것이 되기 위해서는 해를 끼치려는 의도가 분명하게 드러나 보이지 않은 것만으로는 불충분하다. 내 말을 듣는 상대에게 범하는 오류가 그를 비롯해 그 누구에게든 어떤 방식으로도 해를 끼치지 못한다는 확신이 있어야 한다. 그런데 그런 확신을 가지기란 그리 쉬운 일이 아니다. 거짓말이 완벽하게 죄 없는 거짓말이 되는 경우도 아주 드물다. 자신을 유리하게 할 목적으로 거짓말을 하는 것은 사기이고, 타인을 유리하게 할 목적으로 거짓말을 하는 것은 기만이며, 타인에게 해를 끼치기 위해 거짓말을 하는 것은 중상인데, 이것이야말로 가장 악질적인 거짓말이다. 자기 자신이나 타인에게 아무런 이득이 안 되고 손실도 입히지 않는 거짓말은 거짓말이 아니다. 그것은 허구(fiction)인 것이다.

도덕적 목적을 갖고 있는 허구는 교훈적 우화 또는 우화라고 불린다. 그것은 유익한 진실을 예리하고 유쾌한 형식으로 전달하는 것을 목적으로 하거나 목적이어야 한다. 그래서 이 경우에 사람들은 진실이 걸치고 있는 옷에 불과한 사실상의 거짓말을 굳이 숨기려 하지 않는다. 오로지 우화를 위해 우화를 말하는 사람은 결코 거짓말을 하는 것이 아닌 셈이다.

아무런 쓸모가 없는 무익한 허구도 있다. 어떤 진지한 교훈도 담고 있지 않고 단지 재미만이 목적인 대부분의 콩트나 소설이 그렇다. 도덕적 유용성이라고는 전혀 찾아볼 수 없는 이런 허구는 그것을 만들어 낸 사람의 의도에 따라 평가되는 수밖에 없다. 그래서 어떤 작가가 허구를 정말로 진실인 것처럼 확신에 가득 차 말해도 사람들은 그것이 명백한 거짓말이라고 여긴다. 그렇다고 그런 거짓말에 한 번이라도 양심의 가책을 느낀 사람이 있었을까? 또 그런 거짓말을 한 사람을 근엄하게 꾸짖은 사람이 있었을까? 예를 들면《그니드 신전(Le Temple de Gnide)》[15]에 어떤 도덕적 목적이 들어 있긴 해도, 그 목적은 선정적인 세부 묘사와 음

---

15   몽테스키외(Charles Louis de Secondat Montesquieu, 1689~1755)가 1725년에 익명으로 발표한 산문시이자 콩트. 관능적 사랑에 대한 뜨거운 찬가라고 불릴 만한 이 작품은 오늘날에는 거의 잊혔지만 당시에는 오페라로 상연되거나 운문시로 개작되는 등 상당한 인기를 누렸다.

탕한 비유에 덮여 가려지고 엉망이 되어 있다. 이 작품을 정숙한 작품인 것처럼 꾸미기 위해 저자는 무슨 짓을 했던가? 그는 자신의 작품이 어떤 그리스어 필사본을 번역한 것인 양 거짓으로 꾸몄고, 자기 이야기의 진실성을 독자들에게 믿게 할 방법을 고민한 끝에 그 원고를 발견하게 된 과정을 이야기로 풀었다. 이런 게 틀림없이 확실한 거짓말이 아니라면 도대체 거짓말을 한다는 게 뭐란 말인가? 그러나 과연 《그니드 신전》의 저자에게 거짓말한 죄를 꾸짖고 나무라며, 그를 사기꾼으로 취급하려고 했던 사람이 있었던가?

'그의 말은 어디까지나 농담에 불과하다', '저자가 그런 주장을 내세우긴 했지만 누군가를 설득하려고 한 것은 아니었다', '사실상 그는 아무도 설득하지 못했다', '또 독자들은 그가 번역자 행세를 한 그 그리스어 작품의 저자가 바로 그 사람이라는 것을 한순간도 믿어 의심치 않았다' 등의 이야기를 늘어놓아 보았자 아무 소용이 없다. 거기에 대해 나는 이렇게 대꾸할 것이다. '그의 말이 아무 목적 없는 농담이었다면 정말이지 유치하고 졸렬하기 짝이 없는 짓이다', '설령 그가 아무도 설득하지 못했다고 하더라도 그런 주장을 내세운 것은 거짓말을 한 것이나 다름이 없다', '유식한 독자들과 단순해서 뭐든 잘 믿는 대다수의 독자들을 분리해서 생각해야지 혼동하면 안 된다', '점잖고 위엄 있는 저자가 자못 솔직한 태도로 기술한 필사본 번역 이야기에 대다수의 독자들은 속았던 것이며, 그들은 현대식 그릇에 담겨 나왔다면 한번 의심이라도 했을 독약을 고대 양식의 그릇에 담긴 탓에 아무 걱정 없이 마셔 버린 것이다'.

책의 첫머리에 이런 내용을 밝히든 밝히지 않든, 이것은 자기 자신에게 솔직하고 양심에 꺼릴 만한 일은 절대 하지 않는 모든 사람의 마음속에서 저절로 생겨나는 것이다. 자신을 유리하게 할 목적으로 거짓말을 하는 것은, 설사 그 죄질이 무겁지 않다 하더라도, 타인에게 손실을 입히려고 거짓말을 하는 것과 마찬가지이기 때문이다. 이득을 취해서는 안 될 사람에게 이득을 제공하는 것은 질서와 정의를 어지럽히는 일이다. 그리고 칭찬이나 비난, 범죄 혐의나 무혐의 입증을 초래할 수 있는 행위를 거짓으로 만들어 자기 자신이나 타인이 한 것처럼 책임을 떠넘기는 것은 부당한 일이다. 진실에 반(反)하는 모든 것은 정의를 해치는 것이며, 그 방식과 상관없이 모두 거짓말이다. 이것이 바로 거짓말의 정확한 경계이다. 그러나 진실에 반(反)하더라도 정의와 전혀 무관한 것은 모두 허구에 불과할 뿐이다. 순수한 허구를 거짓말로 여겨 자책하는 사람이 있다면, 나는 그가 나보다 더 고결한 양심의 소유자라고 말하고 싶다.

사람들이 선의의 거짓말이라고 일컫는 것 또한 명백한 거짓말이다. 자기 자신이든 타인이든 누군가를 유리하게 할 목적으로 속이는 것은 타인에게 해를 끼칠 목적으로 속이는 것과 마찬가지로 이치에 어긋나기 때문이다. 실존 인물을 대상으로 칭찬하거나 비난할 때, 그 내용이 진실이 아니면 거짓말을 하는 것이 된다. 하지만 상상의 인물인 경우에는 무슨 말을 해도 거짓말하는 것이 아니다. 물론 말을 하는 사람이 자신이 만들어 낸 사실의 도덕성에 대해 왈가왈부하거나 잘못된 판단을 내리지 않아야 한다는 조건이 있다. 이 경우 그 사람은 사실만 놓고 보면 거짓말을 하는 것이 아니지만, 사실의 진실성보다 훨씬 더 중요한 도덕적 진실성에 반대되게 거짓말을 하는 것이기 때문이다.

나는 세상 사람들이 다들 진실하다고 일컫는 그런 사람들을 만난 적이 있다. 그들은 진실성을 쓸데없고 싱거운 대화 속에서 장소나 시간이나 인물을 정확히 인용하고, 그 어떤 허구의 이야기도 하지 않으며, 어떤 상황도 아름답게 꾸미지 않고, 아무것도 과장하지 않는 데에 모두 쏟아붓는다. 그들은 자신들의 이해와 무관한 일을 서술할 때는 감히 범접할 수 없는 정확성을 발휘한다. 그러나 그들 자신과 관계되는 사건이나 자신들과 밀접한 관계를 갖는 사실들을 다룰 때는 자신들에게 가장 유리한 관점으로 그것들을 소개하기 위해 온갖 별스러운 기교를 다 부린다. 그리고 거짓말이 자신들에게 쓸모는 있지만 자신들 입으로 직접 말하기 꺼려질 경우, 그들은 교묘하게 거짓말을 부채질해서 사람들이 그것을 받아들이되 자신들에게 비난이 돌아오지 않게 한다. 용의주도함이라는 말은 이런 걸 두고 하는 말일 거다. 진실성과는 거리가 먼 것이다.

내가 '진실한' 사람이라고 일컫는 사람은 정반대의 방식으로 행동한다. 무해무득한 일을 하는 상황에서, 그는 다른 사람들이 그토록 떠받드는 진실성에 그리 관심을 두지 않을 것이다. 그는 살아 있는 사람이나 죽은 사람이나 할 것 없이 누구에게도 부당하게 작용하지 않을 지어낸 이야기들로 좌중을 즐겁게 하는 것쯤은 예사로 할 것이다. 그러나 정의와 진실의 반대편에 서서 누군가에게 이익이나 손해, 존경과 멸시, 칭찬이나 비난을 초래할 수 있는 말을 하는 것은 모두 거짓말로 여겨 마음이나 입이나 펜 가까이 올리지도 못하게 할 것이다.

그는 자신의 이익에 반하는 상황에서조차 확고하게 '진실하다'. 그는 쓸데없고 싱거운 대화 속에서 자신이 그런 사람임을 자랑삼아 내세우지 않는다. 그는 아무도 속이려 하지 않고, 자신에게 비난이 돌아올 진실이든 자신을 명예롭게 할 진실이든 똑같이 충실하며, 자신의 이익을 위해서든 적을 해치기 위해서든 결코 그 누구도 속이지 않는다는 점에서 '진실한' 사람이다. 내가 말하는 '진실한' 사람과 세상 사람들이 진실하다고 일컫는 사람과의 차이점은, 후자는 자신에게 손해가 안 되는 진실에는 몹시 엄격하게 충실하지만 그 밖의 진실에 대해서는 그렇지 못하다. 반면에, 전자는 진실을 위해 자기를 희생할 필요가 있다고 느낄 때 비로소 진실을 충심으로 존경하며 따른다.

그러나 사람들은 이런 말을 꺼낼 것이다. 진실에 대한 그 사람의 열정적 사랑을 찬양하는 당신 마음은 알겠는데, 이것저것 허용하는 그의 태도는 어떻게 이해해야 할까? 불순물이 섞여도 너그럽게 받아들이는 걸 보니 그 사랑은 거짓이 아닌가? 아니다. 그렇지 않다. 그 사랑은 순수하고 진실하다. 정의에 대한 사랑을 겉으로 드러내다 보니 그렇게 보일 뿐, 종종 상상의 힘을 빌릴지는 몰라도 결코 거짓되기를 바라지 않는다. 정의와 진실은 그 사람의 정신 속에서 구분 없이 어우러져 쓰이는 두 개의 동의어이다. 그의 마음이 흠모하는 신성한 진실은 무의미한 사실이나 쓸데없는 이름 따위로 이루어지는 것이 아니다. 그것은 온전히 자기가 해야 할 일에서나, 좋든 나쁘든 간에 자기가 부족분을 채워야 하는 일에서나, 명예나 견책 또는 칭찬이나 비난을 대가로 받는 일에서나 각각 맡은 몫을 충실히 함으로써 달성되는 것이다.

내가 '진실한' 사람이라고 일컫는 사람은 거짓스러운 짓으로 남에게 해를 가하지 않는다. 그의 공정함이 그런 일을 용납하지 않을 뿐만 아니라, 그 또한 누구에게도 부당하게 해를 입히길 원하지 않기 때문이다. 그는 자기 자신의 일에 대해서도 거짓을 말하지 않는다. 그의 양심이 그것을 허용하지 않을뿐더러, 그 또한 자기 것이 아닌 것을 자기 것인 양 차지하는 사람이 아니기 때문이다. 그가 특히 소중하게 생각하는 것은 스스로에 대한 존경심이다. 그것은 그에게 없어서는 안 되는 재산이므로, 그 재산을 잃는 대신 다른 사람의 존경을 얻는다고 하더라도 그는 실질적으로 큰 손실을 입었다고 느낄 것이다. 따라서 그는 무해무득한 일에 대해서는 이따금 양심에 거리낌 없이 죄책감 없이 거짓말을 하겠지만, 타인 또는 자신의 이익이나 손해를 위해서는 결코 거짓말을 하지 않을 것이다. 역사적 진실에 관련된 모든 것, 인간의 행실이나 정의와 사회성과 유용한 지식과 연관이 있는 모든 것에 대해서 그는 할 수 있는 한도 내에서 자기 자신과 타인들을 오류로부터 보호할 것이다. 그 밖의 영역에서 이루어지는 모든 거짓말은 그에 따르면 거짓말이 아니다. 만일 《그니드 신전》이 유익한 작품이라면 그리스어 필사본 번역 이야기는 너무나도 순수한 허구나 다름이 없다. 하지만 그 작품이 해로운 작품이라면, 그 이야기는 처벌받아 마땅한 거짓말이다.

이상이 거짓말과 진실에 대해 내 양심이 규칙으로 삼은 것이었다. 내 마음은 이성이 이 규칙을 채택하기 전에 이미 자연스레 그것을 따르고 있었다. 도덕적 본능이 그것을 도입해 쓰라고 부추긴 것이다. 불쌍한 마리옹이 희생물이 된 그 죄 많은 거짓말은 내게 지울 수 없는 회한을 남겼고, 그 회한은 그 후 평생에 걸쳐 그런 종류의 거짓말뿐 아니라 타인의 이해관계나 평판에 영향을 미칠 수 있는 모든 거짓말로부터 나를 지켜 주었다. 거짓말의 배제를 일반화함에 따라, 나는 이익과 손해의 무게를 정확하게 재거나 유해한 거짓말과 선의의 거짓말을 엄밀히 구별할 필요가 없어졌다. 나는 두 가지 다 잘못이나 죄가 있는 것으로 간주함으로써 두 가지 다를 하지 않을 수 있었던 것이다.

거짓말과 진실에 대한 내 견해를 종합하면 다른 모든 경우와 마찬가지로 나의 기질이 나의 행동 규범, 좀 더 정확히 말해 나의 습관에 많은 영향을 미쳤다는 것을 알 수 있다. 나는 규칙에 따라 행동한 적이 거의 없었고, 아니 어떤 일에서든 주로 나의 천성의 충동이 이끄는 대로만 행동했기 때문이다. 나는 미리 계획을 세워 거짓말을 한 적이 없고, 하물며 내 이해관계 때문에 거짓말을 한 적도 결코 없었다. 다만 나는 종종 수치심 때문에, 또는 무해무득한 일이나 고작해야 나 하나 정도 관련되는 일에 있어서는 난처한 상황을 모면하기 위해 거짓말을 했다. 대화를 계속 나눠야 하는데, 머리 회전은 안 되고 이야깃거리는 떨어졌고, 그래도 뭔가 말을 해야겠다고 생각해서 허구의 힘을 빌렸던 경우에 그런 일이 종종 일어났다. 억지로라도 말을 해야 할 판인데 재미있는 사실이 머릿속에 재빨리 안 떠오를 때면, 나는 침묵부터 깨뜨려야 한다는 생각으로 없는 사실을 즉석에서 만들어 낸다. 그러나 그럴 때도 그것이 거짓말이 되지 않도록, 즉 정의라든가 마땅히 지켜야 할 진실을 훼손하지 않도록, 또한 모든 사람과 나 자신에게 무해무득한 허구 수준에 그치도록 주의를 기울인다. 그리고 이 경우에도 나는 적어도 사실상의 진실 대신 도덕상의 진실을 사용해 말하려고 애쓴다. 다시 말해 인간의 마음이 본디부터 가지고 있는 애정을 충분히 드러내고 언제나 거기서 유익한 교훈을 끌어낼 수 있기를, 한마디로 도덕적 콩트나 교훈적 우화를 만들어 낼 수 있기를 바라 마지않는다. 하지만 쓸데없는 말로 가득한 대화에서 유익한 교훈을 이끌어 내려면, 내가 갖고 있는 것보다 더 많은 임기응변과 능란한 말솜씨가 필요할 것이다. 대화의 진행 속도가 내 생각의 진행 속도보다 더 빠른 탓에 나는 거의 언제나 생각보다 말이 앞서 나오고, 그 때문에 종종 멍청하고 어리석은 말을 내뱉기도 했다. 그런 말이 입 밖으로 나오면 나의 이성은 그것을 비판하고 나의 마음도 그것을 거부하지만, 나 자신의 판단을 앞질러 말이 나오는 통에 미리 옳고 그름을 따져 바르게 고칠 수도 없었다.

나는 나의 이런 원초적이고 제어할 수 없는 충동 때문에 얼떨결에 수치심과 소심함을 핑계로 거짓말을 할 때가 종종 있다. 그러나 그 거짓말은 나의 의지와는 무관하며, 어찌 보면 순식간에 묻는 말에 답을 해야 하는 상황에서 나의 의지를 앞지른 것일 뿐이다. 불쌍한 마리옹에 대한 기억은 나에게 깊은 인상을 남겨 그 후로 다시는 다른 사람에게 해를 입힐 수 있는 거짓말을 하지 않게 됐다. 하지만 그 기억이 내가 나 혼자만의 문제로 곤경에 처했을 때 나를 구해준 거짓말까지 막지는 못했다. 물론 이 거짓말도 타인의 운명에 영향을 미칠 수 있는 거짓말 못지않게 내 양심이나 원칙에 어긋나는 것인데도 말이다.

하늘을 두고 맹세하건대, 나를 변호해 준 거짓말을 그 즉시 취소할 수 있다면, 그리고 그렇게 취소함으로써 새로 수치심을 느끼지 않고서도 나에게 맡겨진 진실을 말할 수 있다면, 나는 기꺼이 그렇게 할 것이다. 하지만 나는 여전히 스스로의 잘못을 인정하고 드러내는 것에 수치심을 느껴, 진심으로 잘못을 뉘우치면서도 감히 그것을 바로잡아 보상하지 못하고 있다. 내가 무슨 이야기를 하는지는 다음의 예가 잘 밝혀 줄 것이다. 내가 이해관계나 이기심 때문에 거짓말을 하는 것이 아니고, 시기하거나 심술궂어서 그런 것은 더더욱 아니며, 거짓말이라는 것이 이미 드러나 있어 변명을 한들 아무 소용이 없다는 것을 잘 알면서도, 단지 당혹스럽고 수치스러워서 거짓말을 한다는 사실을 증거를 들어서 밝힐 것이다.

불과 얼마 전의 일이었다. 나는 평소와 달리 풀키에 씨의 초대로 아내를 동반하여 그와 그의 친구 브누아 씨와 피크닉 삼아 바카생 부인이 운영하는 식당으로 점심을 먹으러 갔다. 바카생 부인과 그녀의 두 딸도 우리와 식사를 함께했다. 식사 도중 최근에 결혼해 임신한 큰딸이 갑자기 나를 빤히 쳐다보며 아이가 있어 본 적이 있느냐고 물었다. 나는 얼굴이 빨개져서 그런 행복을 가져 본 적이 없다고 대답했다. 그녀는 그 자리에 있던 사람들을 바라보며 짓궂은 웃음을 지었다. 그렇게 말하는 그녀의 속셈이

너무나도 뻔해, 나도 그 정도는 당장 알아차렸다.[16]

우선 한 가지 분명한 사실은, 내가 한 대답은 내가 하고자 했던 대답이 도무지 아니라는 점이다. 설사 나에게 사람들을 속이려는 의도가 있었다손 치더라도 말이다. 왜냐하면 나에게 질문을 한 큰딸의 태도로 보아, 나는 나의 부정적 답변이 그 질문에 대한 그녀의 생각을 전혀 바꾸지 못하리란 것을 확신했기 때문이다. 사람들은 나에게 부정적 답변을 기대하고 있었고, 심지어 거짓말을 하게 만들어 웃고 즐기기 위해 부정적 답변을 부채질하기까지 했다. 나는 그런 낌새를 눈치채지 못할 정도로 멍청하지는 않았다. 잠시 후, 내가 했더라면 좋았을 대답이 자연스레 떠올랐다. "총각으로 늙은 남자에게, 젊은 부인이 하기에는 점잖지 못한 질문이군요." 이런 식으로 말했더라면, 거짓말도 안 하고 쓸데없이 실토해 얼굴 붉어지는 일도 없이 오히려 웃는 사람들을 내 편으로 만들었을 것이다. 그리고 그녀에게는 가볍게 훈계해서 나에게 무례한 질문을 삼가도록 했을 것이다. 그런데 나는 이것들 중 하나도 실천하지 못했다. 해야 할 말은 제대로 못하고, 나에게 득

---

16 1745년 루소는 파리 뤽상부르 공원 근처의 생 캉탱 하숙집에서 당시 스물세 살이었던 테레즈(Marie-Thérèse Levasseur, 1721~1801)를 처음 만나 꼬박 이십삼 년의 동거 끝에 결혼했다. 루소는 그녀와 낳은 다섯 아이를 공립 고아원에 맡겨 불확실한 운명에 방치해 버렸다. 루소는 나중에 자신이 너무 가난하여 아이들을 제대로 돌보지 못했다고 말했다. 그러나 자식들에 대한 그런 처사 때문에 괴로워하고 수치스러워했다.

될 것이 없는, 오히려 하지 말았어야 할 말을 했던 것이다. 보다시피 내가 했던 대답은 나의 판단이나 의지에서 나온 것이 아니라 당혹감에 무의식적으로 나온 말에 불과했다. 나는 예전에 그런 당혹감을 느껴 본 적이 없었고, 내 잘못을 수치스러워하기보다는 오히려 솔직하게 실토하고 용서를 구하는 편이었다. 잘못을 만회하기 위한 나의 노력과 내가 진심으로 느끼고 있던 것을 사람들도 알아차릴 수 있으리라 생각했기 때문이다. 하지만 심술궂은 시선은 나에게 상처를 주고 나를 당황하게 한다. 나는 그전보다 더 불행하다고 느껴 더 소심해진다. 곰곰이 생각해 보면 오로지 그 소심함 때문에 나는 거짓말을 하는 것이다.

나는 내가 거짓말을 얼마나 천성적으로 혐오하는지를 《고백》을 저술할 때 가장 절실하게 느꼈다. 그때 내가 자칫 거짓말의 길로 빠져들었다면, 나는 거짓말의 유혹을 자주 강하게 느꼈을 것이다. 그러나 나는 내가 의무나 책임을 져야 하는 것에 대해 침묵하거나 회피하기는커녕, 예를 들어 거짓말의 경우에도 자신을 관대하게 용서하기보다 지나치게 책망하는 경향이 있음을 느꼈다. 위조(僞造) 행위에 대해 깊은 반감을 갖고 있는 정신의 작용 때문인 듯한데, 무슨 이유에서인지는 정확히 모르겠다. 나는 나의 양심이 내가 언젠가 받게 될 심판에서보다 더 엄격하게 나 자신을 심판하고 있다고 확신한다. 그렇다. 나는 이 같은 사실을 내 영혼을 자랑스레 드높이 치켜세우며 이야기한다. 나는 《고백》에 지금까지 누구도 해 본 적이 없을 만큼, 아니 내 생각에는 그 이상으로, 선의와 진실성과 솔직함을 담았다. 나는 선이 악을 능가하리라 생각하면서 모든 걸 털어놓으려 했고, 또 그것을 실행에 옮겼다.

　나는 내가 하고 싶은 이야기를 남김없이 했다. 사실이 아니라 정황에 대해서는 때때로 좀 더 보태어 과장해서 말하기도 했다. 그러나 그런 종류의 거짓말은 의지가 작용해서라기보다 상상력이 지나쳐서라고 할 수 있다. 내가 그런 것을 거짓말이라고 일컫는 것조차 잘못이다. 내가 덧붙여 말한 것 중 그 어떤 것도 거짓말이 아니었기 때문이다. 《고백》을 저술할 당시 나는 이미 웬만큼 나이를 먹었고,[17] 그때까지 경험한 삶의 보잘것없는 쾌락에 혐오를 느껴 마음이 공허하기만 했다. 나는 주로 기억에 의지해 그 책을 썼다. 그런데 종종 정신이 가물가물 흐려져 기억이 나지 않거나 추억이 단속적으로 떠올라, 그 공백을 상상력이 발휘된 세부 사항으로 메웠다. 물론 그렇다고 해서 그것이 내 기억에 상반된 것은 아니었다. 나는 주로 지난날의 행복했던 순간들을 떠올리며 글을 썼는데, 그러다 보니 때때로 애정 어린 후회가 내게 건네준 미사여구로 그 순간들을 아름답게 꾸미기도 했다. 잊고 있

17　루소가 《고백》 제6권까지(전 12권)의 초고를 따로 정서하기 시작한 것은 1764년이다. 당시 그의 나이는 쉰두 살이었다.

었던 것들을 말할 때는 분명히 그랬을 것 같다는 쪽으로, 어쩌면 실제로 그랬을 것이 틀림없는 모습으로 말했다. 하지만 내가 기억하고 있는 것에 상반되는 이야기는 절대 하지 않았다. 때때로 진실에 그것과는 무관한 매력이나 정취를 갖다 붙이긴 했지만, 내 부도덕을 변명하거나 내가 발휘하지 않은 미덕을 가로채기 위해 진실의 자리에 대신 거짓을 놓은 적은 절대 없었다.

가령 내가 나를 묘사하면서 반사적으로 밉살스러운 측면을 감추었다고 해도, 그런 행동은 종종 악행은 애써 드러내 보이면서 선행은 부각하여 밝히지 않는 나의 별난 은폐 방식으로 상쇄하고도 남음이 있다. 그것은 나의 천성이 다소 특이하기 때문으로, 어찌 그걸 믿을 수가 있겠느냐고 사람들이 반문해도 어떻든 분명한 사실인 것은 맞다. 나는 나의 악행에 대해서는 흔히 그 뻔뻔스러운 면까지 낱낱이 이야기했지만, 선행에 대해서는 그 사랑스러운 면을 제대로 이야기한 적이 거의 없었고, 대개는 아예 언급조차 하지 않았다. 그것이 나를 지나치게 명예스럽게 하고, 고백의 글을 쓰면서 자신이 한 일을 스스로 자랑하는 것처럼 보일까 봐 염려되었기 때문이다. 나는 내 젊은 시절을 묘사하면서도 내가 훌륭한 자질을 타고났다고 자랑하지 않았고, 그것을 너무 두드러지게 하는 사실들은 삭제하기까지 했다. 문득 유년 시절에 겪었던 두 가지 일이 떠오른다. 둘 다《고백》을 쓰던 당시에도 기억에 생생했던 일이지만, 방금 말한 바로 이유에서 둘 다 버렸다.

그 무렵 나는 거의 매주 일요일마다 제네바 외곽의 파키(Pâquis)에 있는 파지 씨 댁에서 하루 종일 시간을 보냈다. 그는 나의 고모 중 한 명과 결혼을 해 그곳에서 인도 사라사 공장을 운영하고 있었다. 어느 날 날염 작업실의 옷감 건조기 앞에서 주철 롤러를 바라보고 있었다. 롤러가 윤기 나게 반짝거리는 것이 보기에 너무 좋아 손으로 만져 보고 싶어져서 반들거리는 실린더 부분을 즐거운 마음으로 쓰다듬었다. 그런데 그때 파지 씨의 아들이 둥글넓적한 장치에 손을 넣어 바퀴를 8분의 1바퀴쯤 솜씨 좋게 돌렸고, 그 바람에 내 가운데 긴 두 손가락 끝이 (거기에) 끼여 눌렸다. 손가락 끝이 으깨지고 손톱이 빠져 달아날 정도였다. 내가 외마디 비명을 지르자 아들 파지는 곧장 장치를 반대 방향으로 돌렸다. 하지만 손톱은 여전히 실린더에 달라붙어 있었고, 내 손가락에서는 피가 철철 났다. 파지는 기겁을 하고 놀라더니 나에게 달려와 비명을 지르지 말아 달라고 사정사정하며 자기는 이제 끝장이라고 덧붙여 말했다. 나는 극렬한 고통을 느꼈지만 그가 괴로워하는 것에 마음이 흔들려 비명을 그쳤다. 우리는 함께 연못으로 갔고, 그는 나를 도와 내 손가락을 씻겨 주고 이끼로 지혈하는 것을 도와주었다. 그는 나에게 이 일을 제발 아무에게도 말하지 말아 달라고 눈물을 흘리며 애원했다. 나는 그렇게 하겠다고 약속했고, 이십 년이 지나도록 아무도 내 두 손가락의 흉터가 어쩌다 생겼는지 모를 정도로 그 약속을 잘 지켰다. 물론 지금도 흉터는 여전히 남아 있다. 나는 삼 주 넘도록 자리에 누워 있었고 두 달 넘게 손을 제대로 쓸 수도 없었지만, 누가 물으면 커다란 돌에 눌려 손가락이 으깨졌다고 적당히 둘러 대었다.

고결한 거짓말이여! 어떤 진실이
그대보다 더 아름다울 수 있을까?[18]

그렇지만 그 사건은 당시 정황으로 보면 나에게 매우 예민한 사안이었다. 그즈음 시민권을 가진 사람들을 대상으로 군사 훈련을 하고 있었는데, 나도 내 또래의 소년 세 명과 대열을 이루어 제복을 입고 우리 지역의 군부대와 함께 훈련을 하기로 되어 있었기 때문이다. 내가 자리에 누워 있을 때 내 창문 밑으로 북소리에 발을 맞추어 행진하는 군인들 소리가 들려왔다. 그 가운데 나의 세 친구도 있을 것이라고 생각하니 고통이 이만저만이 아니었다.

이와 매우 비슷한 일이 또 하나 있었다고 할까. 물론 좀 더 나이를 먹고 난 뒤의 이야기다.

---

18 토르콰토 타소(Torquato Tasso, 1544~1595), 《해방된 예루살렘(Gerusalemme liber-
ata)》, 제1권 2곡 22절.

플랭팔레(Plain-Palais)에서 플랭스라는 친구와 펠멜[19] 놀이를 하고 있을 때였다. 우리는 별것도 아닌 일로 실랑이를 벌이다 서로 치고받았다. 몸싸움을 하던 중 플랭스가 내 머리를 나무망치로 후려쳤는데, 조금만 더 세게 맞았더라면 머리가 깨졌을 수도 있을 만큼 정통으로 맞았다. 나는 그 자리에서 푹 쓰러졌다. 내 머리카락 사이로 피가 줄줄 흐르는 것을 보고 그 애는 무척 당황스러워했다. 나는 이제껏 그렇게 사람이 당황해하는 모습은 본 적이 없다. 그 애는 자기가 나를 죽인 줄 알고 나에게 달려들어 부둥켜안고 울더니 애타게 비명을 질러 댔다. 덩달아 나도 감미롭고 애잔한 어떤 감동 같은 것이 느껴져 그 애를 힘껏 부둥켜안고 울었다. 그 애는 그러고는 상처에서 계속 나오는 피를 멈추게 하려고 이것저것 갖다가 덮었다. 하지만 우리가 가진 손수건 두 장만으로 충분치 않다는 걸 눈치채고, 가까이에 있는 작은 정원이 딸린 자기 어머니 집으로 나를 데려갔다. 성품이 착한 그의 어머니는 내 상처를 보고 하마터면 실신할 뻔했지만 겨우 정신을 가다듬어 나를 치료해 주었다. 그녀는 내 상처를 젖은 헝겊으로 닦아낸 다음, 브랜디에 담가 두었던 백합꽃을 상처에 붙여 주었다. 그것은 우리 지역에서 상처를 치료할 때 흔히 사용하는 좋은 약

---

19   크로케(croquet)와 유사한 게임으로, 둥그런 모양의 공을 나무망치로 쳐서 경기장의 양쪽 끝에 세워져 있는 아치형의 높은 철문을 통과시키는 놀이.

이었다. 그녀와 아들의 눈물을 보니 그녀가 내 어머니로, 그 애가 내 형제로 여겨질 정도로 마음이 아려 왔다. 그리고 그 마음은 두 사람과 왕래가 뜸해져 차츰 기억에서 잊힐 때까지 오랫동안 이어 졌다.

나는 이 사건에 대해서도 앞서 말한 사건과 마찬가지로 비밀을 곱다랗게 지켰다. 나는 지금껏 살아오면서 이런 종류의 사건을 수없이 많이 겪었지만, 내《고백》속에 담아 표현할 생각은 조금도 하지 않았다. 나의 성격에서 느껴지는 선함을 내세우기 위해 아등바등 살아오지는 않았다. 그렇다. 내가 알고 있는 진실에 반하는 말을 할 때도 무해무득한 일에 대해서였을 뿐이지, 나 자신의 이해관계나 타인의 손익에 좌우된 적은 없었다. 말거리가 궁해서 그랬거나 글을 쓰는 일이 즐거울 때 그랬을 따름이다. 그러므로 누구든 혹시라도 공정한 시선으로《고백》을 읽는다면, 그는 거기서 내가 하고 있는 고백이 더 중대하지만 말하기에는 덜 수치스러운 악행, 내가 저지르지 않아 말할 필요를 느끼지 못한 악행에 대한 고백보다 더 부끄럽고 더 털어놓기 힘든 것임을 느낄 것이다.

지금까지의 성찰을 토대로 결론을 내려 보면, 내가 공개적으로 말한 진실성은 해당 사실이 실제로 존재했는지보다는 올바름과 공정함이라는 감정에 더 근거를 두고 있으며, 진실성을 실천하는 데에도 나는 참과 거짓이라는 추상적 개념보다 양심의 도덕적 지침을 따랐다. 나는 종종 사실에 없는 일을 사실처럼 꾸며 만들었지만 거짓말을 한 경우는 매우 드물었다. 그런 원칙을 지켜 온 탓에 다른 사람들에게 나를 공격할 구실을 많이 제공했지만, 어느 누구에게도 해를 끼치지는 않았다. 또 내가 마땅히 취해야 할 것 이상의 이득을 내게 돌리지도 않았다. 내가 보기에 진실은 그렇게 해서 하나의 미덕이 되는 것 같다. 여기서 벗어난 진실이란 선도 악도 이끌어 내지 못하는 형이상학적 개체에 불과하다.

하지만 나는 내 마음이 그런 구분에 만족해 스스로 전혀 나무랄 데 없는 사람이라고 여기지는 않을 것 같다. 타인에 대한 내 의무는 그토록 곱씹어 생각하면서, 나 자신에 대한 의무는 과연 곰곰이 따져 봤던가? 타인에 대해 공정한 판단을 할 수 있으려면, 자기 자신에 대해서도 진실해야 한다. 그것은 선량한 사람이 자기 자신의 품위를 위해 갖춰야 하는 자질이다. 대화 도중 이야깃거리가 떨어졌다고 악의 없는 허구로 그것을 보충했다면 나는 잘못한 것이다. 남을 재미있게 하겠다고 자기 자신을 천하게 만들어서는 안 되기 때문이다. 그리고 글 쓰는 즐거움에 이끌려 실제 사실에 장식물을 제멋대로 만들어 붙이는 것은 더 큰 잘못을 저지른 것이 된다. 진실을 허구로 장식하는 것은 사실상 진실을 왜곡하는 것이기 때문이다.

그러나 정말로 내가 변명의 여지가 없는 잘못이라고 생각하는 것은 내가 선택한 좌우명 때문이다. 그 좌우명은 어느 누구보다 나에게 진실에 대해 엄격하게 공언할 것을 요구했다. 진실을 위해 내 이해관계와 성향을 희생시키는 것만으로는 충분치 않았으며, 내 나약하고 수줍어하는 성격까지 희생시켜야 했다. 이 세상을 진실하게 살아가기 위해서는 언제나 용기와 힘이 필요했다. 특히 진실을 위해 헌신하기로 한 사람이라면 입이나 펜에서 허구나 우화가 나오면 안 되었다. 내가 그 자랑스러운 좌우명을 선택하면서 스스로에게 다짐했던, 그리고 내가 그것을 좌우명으로 삼은 만큼 쉼 없이 되새겨야 했던 것이 바로 그런 것이었다. 진실이 아닌 것을 진실인 것처럼 꾸미기 위해 거짓말을 한 적은 없다. 내 거짓말은 모두 다 나의 나약함에서 나온 것이다. 하지만 이 변명으로 내 잘못이 용서되는 것은 아니다. 나약한 영혼을 지닌 사람은 악덕으로부터 자기 자신만 지킬 수 있을 뿐이다. 그가 위대한 미덕을 지키겠다고 공언한다면 그건 오만하고 무모한 일이다.

이상은 만일 로지에 신부가 귀띔해 주지 않았더라면 필요성을 전혀 느끼지 못했을 나의 성찰들이다. 그것들을 활용하기에는 사실 좀 늦은 감이 있지만, 적어도 나의 오류를 바로잡고 의지를 올바른 방향으로 되돌려 놓기에 너무 늦지는 않았다. 이제 앞으로의 일은 모두 나 자신에게 달려 있다. 돌이켜 보건대, 솔론의 격언은 나이를 막론하고 누구에게나 적용될 수 있는 것이다. 지혜롭게, 진실되게, 겸손하게 살아가는 법을, 그리고 자신을 과신하지 않는 법을 배우기에 너무 늦은 나이란 없다.

(1777년 1월부터 9월)

다섯 번째 산책

루소의 집, 생피에르섬. 루소는 〈다섯 번째 산책〉에서
평생 가장 행복했던 생피에르섬에서의 생활을 회상한다.

지금까지 내가 살아온 곳을 통틀어 (그중에는 썩 훌륭한 곳도 있었다) 비엔 호수[20] 한가운데 있는 생피에르섬만큼 나를 진정으로 행복하게 하고, 그리움을 불러일으키는 곳은 없다. 그 작은 섬은 뇌샤텔에서 '라 모트 섬'이라고 불리는데 심지어 스위스 사람들 사이에서도 잘 알려져 있지 않다. 적어도 내가 아는 한에는 어떤 여행자도 그 섬에 대해 언급한 적이 없다. 아무튼 그 섬은 주거 환경이 매우 쾌적하고, 특히 칩거 생활을 좋아하는 사람에게 제격인 곳이다. 비록 내가 운명의 농간에 걸려 외톨이가 된 유일한 사람이더라도, 그것을 타고난 취향처럼 자연스레 받아들이는 유일한 사람이라고 생각하진 않기 때문이다. 물론 지금껏 그런 취향을 가진 사람을 만난 적이 없기는 하다.

비엔 호숫가는 제네바 호숫가보다 한층 더 야생적이고 낭만적이다. 바위와 무성한 수풀이 물가에 더 가까이 있기 때문인데,

---

20 스위스 서부 쥐라(Jura) 지방의 3대 호수 중 하나로, 뇌샤텔 호수 동쪽에 있다. 호수는 독일어와 프랑스어가 공용으로 쓰이는 지역에 있다. 독일어로는 비엘호(Bielersee), 프랑스어로는 비엔호(Lac de Bienne)라고 부른다.

그렇다고 비엔 호숫가가 덜 아름답다는 말은 아니다. 경작지나 포도밭이 더 적고 마을이나 집도 드문드문하지만 자연 그대로의 푸른 초목과 초원, 작은 숲 모양의 나무 그늘진 은신처가 더 많고, 풍광도 더 대조적이고 땅의 굴곡도 훨씬 촘촘하다. 다행인지 불행인지 호숫가에는 마차가 다닐 만한 큰길이 나 있지 않아 오가는 여행자가 거의 없다. 그렇지만 자연의 매력에 흠뻑 빠지고 싶고, 독수리 울음소리와 간간이 들려오는 새들의 지저귐과 산에서 내려오는 세찬 물줄기 소리 외에는 아무 소리도 들리지 않는 고요와 적막 속에서 자신을 돌이켜 보고 싶은 고독한 명상가에게는 꽤 흥미로운 곳이다. 거의 둥근 모양인 이 아름다운 호수의 한복판에는 두 개의 작은 섬이 있다. 한 섬은 둘레가 약 이 킬로미터 정도로 사람이 살면서 농사를 짓고 있고, 다른 섬은 작고 사람이 살지 않으며 척박한 황무지다. 큰 섬이 파도와 심한 비바람으로 큰 피해를 입게 되면, 사람들은 복구 작업을 위해 끊임없이 작은 섬의 흙을 퍼 실어 날라, 그 섬은 결국 사라지고 말 것이다. 이렇게 약자에게 없어서는 안 될 중요한 것이 언제나 강자에게 유리하게 사용된다.

섬에는 외딴집 한 채가 있는데, 넓고 쾌적하며 편리하게 꾸며진 그 집은 섬과 마찬가지로 베른 구호원 소유이다. 그 집에는 관리인과 그 가족, 하인들이 함께 살고 있다. 그에게는 오리나 닭 같은 가금류 사육장과 큰 새장, 양어장이 있다. 섬은 작지만, 토질과 지형이 각양각색인 풍경이 눈앞에 펼쳐져 있고, 그곳에서 온갖 종류의 농사를 지을 수 있다. 섬에는 밭, 포도밭, 숲, 과수원, 그리고 목초가 풍부한 방목장이 있는데, 방목장은 작은 숲들로 그늘이 드리워져 있고 호수의 물 덕분에 싱그러움이 넘치는 많은 종의 관목들로 울타리가 쳐져 있다. 섬의 가장자리에는 양편으로 나무가 두 줄로 심어진 높은 대(臺)가 들어서 있고, 그 중앙에는 예쁜 정자가 있어 포도 수확 철에는 일요일마다 호숫가 마을에 사는 사람들이 거기에 모여 춤을 춘다.

나는 모티에의 투석 사건 이후 위험을 피해 이 섬으로 몸을 숨겼다.[21] 나는 이곳에 머무르는 것이 좋겠다는 생각을 했고, 이곳 생활이 내 기질에도 잘 맞아 여생을 이곳에서 보내리라 결심했다. 다만 걱정되는 일이 하나 있었다. 당시에 사람들은 나를 영국으로 피신을 보낼 계획[22]을 세우고 있었는데, 그것이 내가 세운

---

21 루소의 《사회계약론》과 《에밀 또는 교육론》(이하 《에밀》)은 1762년 발표된 후 종교적, 정치적인 이유로 파리와 제네바에서 즉각 유죄 판결을 받는다. 구속 영장이 발부되어 루소는 프랑스에서 달아난다. 조지 키스 경의 비호 아래 1762년 7월 초 스위스 쥐라 산맥 기슭에 있는 트라베르 계곡의 모티에에 정착한다. 1765년 개신교 목사들이 루소에게 반대하는 운동을 조직하고, 루소의 집에 돌이 날아들면서 이곳에서 추방한다. 투석 사건이 있고 이틀이 지난 9월 8일 루소는 모티에를 떠났고, 다음 날 생피에르섬에 도착한다. 그는 섬에서 잠시 목가적 생활을 하며 머물다가 베른 정부로부터 퇴거 명령을 받고 10월 26일 섬을 떠난다.

22 영국의 철학자·역사가인 흄(David Hume, 1711~1776)은 1765년 루소에게 영국으로 초청하는 편지를 보낸다. "당신은 우리 법률의 관용적인 정신뿐만이 아니라 그곳의 모든 사람들이 당신 인격에 대해 품는 존경심으로부터 모든 박해에 대해 절대적인 안전을 찾을 것입니다." 루소는 흄의 제안을 받아들이고 그에게 감사를 표한다. 루소는 1766년 1월 13일 런던에 도착해 이듬해까지 머물다 1767년 5월 21일 프랑스로 돌아온다.

계획과 맞지 않아 과연 사람들이 내 계획을 순순히 받아들이려 할지 난감했다. 나는 내 불안한 예감이 빗나가기를 빌면서, 사람들이 나의 이 은신처를 영원한 감옥으로 만들어 나를 평생 거기에 감금하기를, 그리고 거기에서 탈출할 힘과 희망을 내게서 앗아가 육지와의 연락마저 차단하기를, 그리하여 바깥세상 돌아가는 소식에 깜깜한 채 나도 세상의 존재를 잊어버리고 사람들 또한 나의 존재를 잊어버리기를 바랐었다.

그런 바람과 달리 사람들은 나를 그 섬에서 겨우 두 달밖에 못 살게 했지만, 어쩌면 나는 그곳에서 지겨워할 새도 없이 이 년, 이 세기, 아니 영원토록 살 수 있었을 것이다. 비록 어울리는 사람들이라곤 내 아내, 관리인과 그의 가족과 하인들밖에 없기는 해도 말이다. 그들은 참으로 선량했지만 그 이상도 이하도 아니었다. 하지만 그들이야말로 내게 꼭 필요한 사람들이었다. 나는 그 두 달이 내 인생에서 가장 행복했던 시기라 여긴다. 너무도 행복해서 단 한 순간도 다른 상태를 꿈꾸지 않을 정도로 그곳에서 내내 넉넉한 만족을 느끼며 살았다.

생피에르섬에서 내가 느낀 행복은 대체 무엇이었을까? 나는 그 행복을 어떻게 누리고 즐겼던 걸까? 지금부터 내가 그곳에서 영위한 삶을 묘사할 테니, 그에 근거해서 이 시대 사람들이 내 질문에 대해 했음 직한 대답을 짐작해 보길 바란다. 나는 '파 니엔테 (far niente)'²³를 소중하게 여기는데, 바로 이것이야말로 내가 거기서 더할 수 없이 감미롭게 맛보고 싶었던 그 행복을 누리기 위해 으뜸으로 갖추어야 할 태도이다. 그리고 실상 내가 그곳에 머무는 동안 한 일이라곤 한가로움에 빠져 있는 한 남자에게 필요한 감미로운 소일거리 정도였다.

나 스스로 틀어박혀 있으려고 선택한 이 고립된 거주지, 누군가의 도움이나 감시를 벗어나서는 밖으로 빠져나갈 수도 없고 주위 사람들의 협조 없이는 연락이나 서신 교환도 불가능한 그 고립된 거주지에 나를 그냥 내버려두라는 것 말고는 나는 더 바랄 것이 없었다. 그런 기대 속에서 그 어느 때보다 평온하게 남은 인생을 보낼 수 있다는 희망을 지필 수 있게 되었다. 그리하여 나는 앞으로 충분히 신변을 정리할 시간도 갖게 되리라 생각하고 아무것도 정리하지 않은 채 그곳 생활을 시작했다.

갑자기 혼자 이 섬으로 떠나오는 바람에 필요한 소지품을 제대로 챙기지 못한 터라 나는 아내를 뒤따라 불러들였고, 책과 여러 일상 용품도 가져오게 했다. 나는 짐을 풀지 않고 그냥 놔두는 것이 좋아서 상자와 여행용 큰 가방을 도착한 상태 그대로 두고, 남은 인생을 보내기로 한 그 거주지에서 마치 다음 날이면 떠나야 할 여인숙에 머물듯이 지냈다. 모든 게 너무나 순조롭게 진행되

---

23   이탈리아식 표현인 '돌체 파 니엔테(dolce far niente, 아무것도 하지 않기)'에서 따 온 것이다. '무위(無爲, non-agir)'와 비슷한 뜻이다.

고 있어, 괜히 더 잘 돌아가게 하려다 뭔가 엉망이 되어 버리지 않을까 염려할 정도였다. 당시 나를 가장 즐겁게 해 주었던 것 중 하나는 책들을 상자에 다 놔두고 필기도구마저 잊고 사는 것이었다. 못마땅한 편지여서 어쩔 수 없이 답을 해야 할 상황이 되면, 나는 툴툴대며 관리인에게서 필기도구를 빌렸다. 그리고 다시는 빌려 쓸 일이 없기를 부질없이 기대하면서 서둘러 그것을 돌려주었다.

나는 보잘것없는 서류 뭉치나 오래된 책들 대신 꽃과 마른 풀로 방 안을 가득 채웠다. 그때 난생처음 식물학에 온통 정신을 빼앗기고 있었다. 식물학에 대한 취미는 디베르누아[24] 박사가 내게 불러일으킨 것인데, 곧이어 바로 나의 열정이 되어 버렸다. 나는 더 이상 힘이 드는 일은 하고 싶지 않아, 게으름뱅이라도 흔쾌히 할 정도의 힘만 들이면 되는 심심풀이가 필요했다. 나는《생피에르섬 식물도감》을 만들기로 결심하고, 남은 인생을 다 써 버려야 할 만큼 상세하게 그 섬의 모든 식물을 하나도 빠뜨림 없이 묘사하기로 작정하였다. 어떤 독일 사람은 레몬 껍질에 관한 것들을 책으로 엮어 출판했다고 하는데, 나는 초원의 잔디 하나하나에 대해, 숲의 이끼 하나하나에 대해, 바위를 온통 덮고 있는 지의식물(地衣植物) 하나하나에 대해 책 한 권을 쓸 수 있을지도 모른

---

24   Jean-Antoine d'Ivernois(1703~1765). 루소가 모티에에서 사귄 의사이자 식물
      학자. 루소는《고백》제12권에서 디베르누아 박사 덕분에 식물학에 취미를 갖게
      되었고, 식물 채집을 하며 주변 지역을 두루 다닐 수 있었다고 말한다.

다는 생각이 들었다. 나는 진정으로 풀의 가는 털 하나도 놓치고 싶지 않았고, 식물의 작디작은 부분까지도 충분히 그려 내고 싶었다.

　나는 내가 세운 멋진 계획을 실천에 옮기기 위해 아침마다 사람들과 식사를 함께한 후에는 손에 돋보기를 들고《자연의 체계(Systema Naturae)》[25]를 겨드랑이에 낀 채 섬을 구역별로 탐방하러 나갔다. 이를 위해 나는 섬을 작은 네모꼴 모양으로 갈라 나누고, 계절마다 한 구역씩 차례로 돌아볼 생각을 가졌다. 식물의 구조와 조직을 자세히 살펴보거나, 당시 나에게 완전히 새로운 것이었던 꽃의 수술과 암술 활동을 관찰할 때마다 내가 느꼈던 황홀과 도취는 무엇이라 표현할 수 없이 묘했다. 그때까지 전혀 아는 바가 없었던 식물의 속성을 분간할 줄 알게 됨에 따라, 나는 같은 종에서 나타나는 특성을 확인할 때마다 그 매력에 빠져들었고, 더 희귀한 것들이 내 눈앞에 등장하기를 기대하게 되었다. 꿀풀과(科) 식물의 기다란 두 갈래 수술, 쐐기풀이나 쐐기풀속 풀의 수술이 가진 탄성, 봉선화 씨와 회양목 꽃봉오리의 파열 등등, 처음으로 들여다본 생식기관의 수많은 미세한 활동에 나는 기쁨

25　스웨덴의 박물학자·식물학자인 린네(Carl von Linné, 1707~1778)는 이 책에서 생명의 분류에 기본이 되는 수많은 규칙을 체계적으로 만들고, 생물의 학명을 속명과 종명으로 나타내는 이명법(二名法)을 창안하여 현대 생물 분류학의 기초를 확립하였다.

으로 가슴이 터질 듯했다. 그래서 라 퐁텐이 사람들에게 〈하박국
서〉[26]를 읽어 봤냐고 묻고 다녔듯이, 나도 꿀풀을 본 적이 있느냐
고 만나는 사람마다 물어보고 다녔다. 나는 두세 시간 만에 적지
않은 성과를 얻어 돌아왔다. 비 오는 날 집에서 오후를 보낼 때면
그것은 좋은 즐거움이 되었다.

오전 중 나머지 시간에는 관리인 부부와 테레즈와 함께 일꾼
들이 가을걷이하는 광경을 보러 갔는데, 대개는 그들이 하는 일
을 함께하면서 도왔다. 그래서 나를 보러 온 베른 사람들은 내가
커다란 나무 위에 올라앉아 허리춤에서 자루 하나를 꺼내 과일을
가득 채우고는 그것을 밧줄로 단단히 묶어 땅으로 내려보내는 모
습을 심심찮게 볼 수 있었다. 오전에 일을 마치고 느끼는 좋은 기
분 덕분에 점심시간의 휴식은 참으로 유쾌했다. 그러나 식사 시
간이 길어지거나 맑은 날씨가 나를 꾀어 부추길 때면 좀이 쑤셔
서 견딜 수가 없었다. 그래서 나는 사람들이 아직 식사 중일 때
거기서 빠져나와 혼자 배에 몸을 싣고 물결이 잔잔할 때면 호수
한가운데까지 노를 저어 나갔다. 그러고는 배 안에 길게 드러누
워 하늘을 바라보며, 너그러운 물 흐름에 몸을 맡기면서, 때로는
몇 시간이고 두서없이 뒤죽박죽이지만 감미로운 온갖 몽상에 잠

---

26   하박국서(Habakkuk書). 기독교 소예언서의 하나. 하박국이 쓴 대화 형식의 예언
서로, 신앙에만 의지하여 하나님의 구원을 조용히 기다려야 한다는 내용이 기록
되어 있다.

기곤 했다. 딱히 한 부분에 국한되거나 일정한 방향도 없는 몽상이었지만, 내 생각에는 사람들이 가장 달콤한 삶의 즐거움이라고 일컫는 것보다 백배나 더 좋았다. 해가 뉘엿뉘엿 저물어서야 집으로 돌아갈 시간임을 깨닫고 온 힘을 다해 노를 저은 경우도 종종 있었다. 섬에서 멀리 떨어져 있었던 탓에 어둠이 내리기 전에 돌아가려면 그럴 수밖에 없었다.

어떤 때는 물 깊은 호수 한가운데 두둥실 떠 있는 대신 녹음 우거진 섬 기슭을 따라 이동하기도 했는데, 그 맑은 물과 시원한 나무 그늘에 이끌려 멱을 감은 적도 여러 번 있었다. 그러나 내가 가장 자주 배로 누비고 다닌 길 중 하나는 큰 섬에서 작은 섬으로 가는 길이었다. 나는 작은 섬에 내리면 때로는 호랑버들과 털갈매나무와 여뀌와 온갖 종류의 관목들 사이를 헤집으며 한정된 공간을 산책하거나, 때로는 모래 둔덕 위에 자리를 잡고 앉아서 점심 이후의 시간을 보냈다. 모래 둔덕은 잔디와 백리향과 꽃으로 온통 뒤덮여 있고, 심지어 예전에 누군가가 씨를 뿌렸을 성싶은 잠두와 토끼풀까지 있어서 토끼를 키우기엔 아주 제격이었다. 그곳이라면 토끼들도 아무것도 무서워하지 않고 아무것도 훼손하지 않으면서 마음 놓고 번식할 듯했다. 내가 그런 아이디어를 관리인에게 내자, 그는 뇌샤텔에서 암수 토끼 몇 마리를 들여왔다. 그의 아내와 누이동생, 그리고 테레즈와 나, 이렇게 모두는 작은 섬으로 요란스레 몰려가서 토끼들을 풀어놓았다. 토끼들은 내가 섬을 떠나기 전에 번식하기 시작했으니, 혹독한 겨울 추위를 견뎌 낼 수 있었다면 아마 지금쯤은 엄청나게 그 수가 불어났을 것이다. 이 작은 식민지 건설은 일종의 축제였다. 《아르고나우티카(Argonautika)》[27]에 등장하는 영웅들의 안내인도 큰 섬에서 작은 섬으로 일행과 토끼들을 득의양양하게 데려가는 나보다 더 자랑스럽지는 않았을 것이다.[28] 뿌듯한 일이 또 있었다. 관리인의 아내는 물을 무척 겁내 배만 타면 멀미가 난다고 했는데, 내가 노를 저으면 안심하고 배를 탔으며, 가는 동안 조금도 무서워하지 않았다는 점이다.

호수에 물결이 불안스레 뛰놀아 배를 탈 수 없을 때면, 나는 섬 이곳저곳을 돌아다니며 식물 채집을 하면서 오후 시간을 보냈다. 때로는 가장 아름답고 쓸쓸한 곳에 앉아 한껏 꿈속에 잠기기도 했고, 때로는 둔덕이나 작은 언덕에 올라 호수와 호숫가의 빼어나고 황홀한 풍광을 훑어보기도 했다. 호숫가 한편은 서로 이어져 있는 산들이 마을을 둘러싸고 있고 다른 한편에는 넓고 풍요로운 들판이 저 멀리 푸르스름한 산 아래쪽까지 펼쳐져 있

---

27 그리스 시인 아폴로니오스(Apollonios, B.C.295?~B.C.225?)가 지은 영웅 서사시. 이 아손(Iason)을 위시한 영웅 오십 명이 커다란 배 아르고호를 타고 황금 양털을 구해 오는 모험담을 그리고 있다. 전체 네 권으로 이루어져 있다.

28 《고백》(1782~1789)과 《고독한 산책자의 몽상》(1782)이 출간된 다음, 생피에르섬은 일종의 순례지가 되었고 18세기 지도책은 그때까지 이름이 따로 없었던 이 작은 바위섬에 '토끼섬'이라는 이름을 붙였다.

었다.

해가 질 무렵이면 나는 섬의 산봉우리에서 내려와 호숫가 모래톱 위의 숨겨진 은신처로 가서 혼자 가만히 앉아 있곤 했다. 거기서는 물결이 밀려오는 소리와 물결의 출렁임이 내 감각을 평안하게 하고 내 영혼으로부터 모든 다른 동요를 몰아내 내 영혼이 감미로운 몽상에 잠기게 했다. 그러다가 밤이 찾아온 줄도 모르고 몽상에 잠겨 있던 적도 종종 있었다. 호수의 밀물과 썰물, 연달아 이어지다 이따금 커지기도 하는 그 소리는 쉼 없이 내 눈과 귀를 두드리면서 몽상이 가라앉힌 내 속마음의 활동을 대신해 주었고, 생각하는 수고를 들이지 않아도 충분히 나의 존재를 기분 좋게 느끼게 해 주었다. 물 위로 비치는 여러 모습을 보노라면 나도 모르게 인간사(人間事)의 무상함에 대한 짧고 가벼운 성찰이 떠오르곤 했다. 하지만 마음속에 찾아온 그런 사소한 느낌들도 나를 흔들어 달래는 물결의 연속적인 움직임이 지닌 단조로움에 이내 사라져 버리곤 했다. 그 단조로움은 내 영혼이 적극 거들고 나서지 않는데도 나를 사로잡아, 귀가 시간이나 신호에 쫓길 때조차 노력 없이는 거기서 벗어날 수 없을 정도였다.

저녁 식사 후 날씨 좋은 밤이면, 우리는 모두 함께 둔덕으로 산책을 나가 호수의 공기와 신선한 기운을 가득 마셨다. 우리는 정자에서 쉬면서 웃음과 이야기를 나누고 최근의 깨깨 비틀린 노래보다 훨씬 나은 옛날 노래 몇 곡을 부르기도 했다. 그리고 마침내 각자가 보낸 하루에 흐뭇해하면서 오늘 같은 날이 다음 날에도 이어지기를 기대하며 잠자리에 들었다.[29]

난데없이 찾아오는 귀찮은 방문객을 제외하면, 나는 그 섬에 머무는 동안 그렇게 시간을 보냈다. 도대체 그곳에 어떤 매력이 있기에, 십오 년이 지난 지금도 그 사랑스러운 거처를 생각할 때마다 다시 가고픈 욕망에 사로잡힐 정도로 내 마음속에 강렬하고 아늑하고 지속적인 그리움을 불러일으키는지 누가 지금이라도 나에게 말해 주면 좋겠다.

나는 지금껏 살아오면서 숱한 고난과 변천을 겪었다. 그러는 동안에 가장 달콤한 기쁨과 가장 생생한 즐거움을 느꼈던 시기가 나에게 가장 매력적이고 감동적인 시기로 기억되는 시기는 아님을 깨달았다. 흥분과 열정에 휩싸였던 그런 짧은 순간들은 아무리 강렬했다고 해도, 오히려 그 강렬함 때문에 인생이라는 길 위에 듬성듬성 찍혀 있는 점들에 불과하다. 그 순간들은 너무 희귀하고 너무 빨리 지나가 버려 하나의 상태가 될 수 없다. 내 마음이 그리워하는 행복은 짧고 금방 사라질 순간들로 이루어지는 것이 아니라 단순하고 항구적인 어떤 상태이다. 그 자체에는 강렬

---

29   루소는 이탈리아 양식의 오페라, 즉 멜로디 위주의 보다 단순한 오페라를 찬양하며 프랑스 오페라를 신랄하게 비판했다. 특히 라모(Jean Philippe Rameau, 1683~1764)의 〈우아한 인도의 나라들(Les Indes Galantes)〉을 보고 합주가 너무 복잡하고, 화성이 너무 거창하다고 하면서 마치 소음의 연속 같다고 비판했다.

한 요소가 전혀 없지만, 그 상태가 지속되면 매력이 점점 커져 마침내 거기서 하늘이 내린 천복을 발견하게 되는 것이다.

이 세상 모든 것은 끊임없이 변한다. 변함없이 일정한 모양을 유지하는 것은 아무것도 없으며, 외부의 사물과 밀접한 관계를 맺고 있는 우리의 애정도 사물과 마찬가지로 변하거나 사라진다. 우리의 애정은 늘 우리보다 앞이나 뒤에 서 있어, 이미 지나간 과거를 회상하거나 일어날 가능성이 희박한 미래를 미리 짐작해 본다. 거기에는 마음 붙일 만한 견고한 것이라곤 아무것도 없다. 그래서 사람들은 이 세상에서 일시적인 즐거움밖에 못 갖는 것이다. 나는 지속되는 행복이 있다는 것을 믿지 않는다. 우리가 가장 강렬한 기쁨을 맛보고 있을 때조차도, '나는 이 순간이 언제까지고 지속되었으면 좋겠어'라고 진심으로 말할 수 있는 것은 한순간에 지나지 않는다. 우리의 마음을 여전히 불안하고 공허한 상태로 놓아두고, 또한 지나간 어떤 것을 애석해 하거나 다가올 어떤 것을 기대하게 하는 그런 일시적 상태를 어떻게 행복이라 부를 수 있을까?

그러나 영혼이 충분히 견고한 장소를 발견하고 거기서 완전한 휴식을 취하며 자신의 존재를 가다듬을 수 있어서 과거를 회상하거나 미래를 신경 쓸 필요도 없는 상태, 영혼이 시간에 아무의미도 부여하지 않는 상태, 현재가 영원히 지속되지만 지속되고 있다는 흔적이나 계속 이어지리라는 기미도 보이지 않고 상실이

나 향유, 기쁨이나 고통, 기대나 두려움의 감정도 없이 오로지 우리 존재에 대한 감정만으로 영혼을 온전히 채울 수 있는 상태, 그런 상태가 있다면 그것이 지속되는 한 그 안에 있는 사람은 행복한 사람이라고 할 수 있을 것이다. 그런 행복은 삶의 즐거움들 가운데에서 찾을 수 있는 불완전하고 보잘것없고 상대적인 행복이 아니라, 영혼에 그 어떤 공허한 부분도 남기지 않아 영혼이 채워야 할 필요성을 못 느끼는 넉넉하고 완전하고 충만한 행복이다. 내가 생피에르섬에서 물결 따라 정처 없이 흘러가는 배 안에 누워, 또는 물결 출렁이는 호숫가에 앉아, 또는 아름다운 강가나 조약돌 위로 졸졸 흐르는 개울물 가장자리에 앉아 고독한 몽상에 잠길 때 종종 맛보았던 상태가 바로 그런 상태였다.

그런 상황에서 사람들은 무엇을 즐겁게 누릴까? 자기 밖에 있는 그 무엇은 절대 아니다. 오직 자기 자신과 자신의 존재를 즐겁게 누릴 뿐이다. 그런 상태가 지속되는 한, 사람은 신처럼 자기 자신에게 자족한다. 우리의 감각과 영혼에 영향을 미치는 모든 것에서 벗어난 존재가 느끼는 감정은 그 자체로 만족과 평화의 소중한 감정이며, 쉴 새 없이 우리의 주위를 딴 데로 돌리고 우리의 평온함을 방해하는 세상의 온갖 관능적이고 세속적인 압력을 떨쳐 낼 수 있는 사람이라면, 그런 감정만으로도 충분히 자신의 존재를 소중하고 온유하게 만들 수 있을 것이다. 그러나 끊임없이 정념에 휘둘리는 대부분의 사람들은 그런 상태를 거의 알지 못하며, 알고 있다 하더라도 아주 짧고 불완전하게 맛보았기 때문에, 그 상태에 관해 모호하고 불명료한 생각만 갖게 되어 별 흥미를 못 느낀다. 물론 요즘 같은 세상에 사람들이 그 감미로운 황홀경을 동경한 나머지 세속적 욕망이 부단히 요구하는 활동적 삶을 혐오하게 된다는 건 결코 좋은 일이 아니다. 그러나 인간 사회에서 쫓겨나 이 세상에서는 더 이상 남을 위해서나 자기를 위해서나 유익하고 좋은 일을 할 수 없게 된 불행한 사람이라면, 인간의 모든 행복이 다 들어 있는 그런 상태에서 그 어떤 운명이나 사회도 그에게서 빼앗을 수 없는 보상을 발견할 수 있을 것이다.

그렇다고 그런 보상은 모든 사람이, 또 모든 상황에서 느낄 수 있는 것은 아니다. 마음에 평온을 유지하고, 어떤 정념에 의해서도 그 평온이 흔들려서는 안 된다. 보상을 느끼는 사람 쪽에서도 필요한 것을 준비하고, 주변 사물의 협조도 염두에 두어야 한다. 절대적인 안정이나 지나친 흥분이 아니라, 충격이나 공백 없이, 꾸준하고 절제된 움직임이 필요하다. 움직임이 없는 삶은 가사(假死) 상태나 다름없는 삶이다. 움직임이 일정하지 않거나 너무 활발하면 우리를 흔들어 놓는다. 그러면 우리는 주변 사물로 다시 돌아가 몽상의 매력도 날아가 버리고, 우리는 내면에서 끌려 나와 순식간에 운명과 사회의 속박을 받으며 또다시 예전의 불행을 느끼게 된다.

완전한 고요는 슬픔을 유발하고 죽음을 나타내 보인다. 그래서 유쾌한 상상력의 도움이 필요한데, 선천적으로 그런 상상력을 타고난 사람에게는 이 또한 자연스럽게 이루어진다. 외부에서 발생한 것이 아닌 움직임이 우리 내부에서 발생하는 것이다. 사실 안정을 취한다는 것은 대단치 않다. 하지만 가볍고 달콤한 생각들이 영혼의 밑바닥을 긁어 휘젓지 않고 그 표면만 살짝 스쳐 지나갈 때, 훨씬 더 기분 좋게 안정을 취할 수 있는 것이다. 자신의 모든 불행을 잊고 자기 자신을 돌아보기 위해서는 몸과 마음을 편안하고 고요하게 하면 된다. 이런 종류의 몽상은 조용한 곳이라면 어디서나 맛볼 수 있는 것이리라. 가끔 나는 바스티유 감옥이나 코앞도 안 보이는 컴컴한 지하 독방에서조차 즐거이 몽상에 빠질 수 있을 것이라고 생각하곤 했다.

그렇지만 세상으로부터 소외되고 분리된, 비옥하고 한적한 섬에 있었기 때문에 내가 더더욱 즐겁게 몽상에 젖을 수 있었다는 사실을 일단 인정한다. 그 섬에서는 모든 게 아름다웠고 슬프다고 할 만한 게 없었으며, 거기 사는 몇몇 사람들과도 내가 푹 빠질 정도로 흥미롭진 않았지만 상냥하고 기분 좋게 사귈 수 있었고, 무엇보다 온종일 아무런 방해도 받지 않고 아무런 걱정도 없이 내가 좋아하는 일을 하거나 가장 느슨한 무위(無爲)에 몸을 맡길 수 있었다. 가장 불쾌한 대상에 둘러싸여 있어도 즐거운 공상에 잠길 줄 알고, 자신의 감각을 실제로 자극하는 모든 것을 공상에 협조하도록 만들면서 마음껏 편안하게 공상을 누릴 줄 아는 몽상가에게는 그야말로 최고의 장소였다.

길고도 달콤한 몽상에서 깨어난 나는 푸르른 나무와 풀, 꽃과 새들에 둘러싸인 자신을 발견하고, 드넓게 펼쳐진 맑고 깨끗한 호수를 빙 둘러 있는 낭만적인 기슭으로 눈길을 멀리 보내면서 그 모든 사랑스러운 대상에 내가 상상한 것을 다 옮겨 놓았다. 그러다 보니 나 자신과 나를 둘러싸고 있는 것들 속으로 되돌아와서도 상상과 현실의 경계가 얼른 금이 그어지지 않았다. 이렇듯 모든 것이 내가 그 아름다운 고장에 머물면서 즐겼던 명상과 고독의 생활을 그리워하게 했다. 다시 그때로 돌아갈 수는 없는 것일까? 그 사랑스러운 섬으로 다시 돌아가 더 이상 밖으로 나오지 않고, 오랜 세월 동안 사람들이 내게 안겨 준 온갖 참화(慘禍)를 여전히 떠올리게 하는 육지의 인간들을 두 번 다시 만나지 않고 남은 생을 마칠 수는 없는 것일까? 그렇게만 된다면 나는 머지않아 그들을 영원히 잊을 수 있을 텐데. 나와 달리 그들은 나를 잊지 않을지도 모르겠다. 하지만 그들이 나의 휴식과 안정을 해치려고 섬에 오지만 않는다면 무슨 상관이 있을까? 나의 영혼은 복잡한 사회생활이 들쑤셔 깨운 온갖 세속적 정념에서 해방되어, 세상 위로 종종 솟아올라 천상의 영적 존재들과 미리 사귀다 나중에는 그들의 일원이 되고자 할 것이니.

나는 알고 있다. 그토록 온화했던 은신처에 나를 조용히 살게 내버려두지 않았던 사람들이 이제 와서 새삼스레 그곳을 내게 돌려줄 리 만무하다는 것을. 그렇지만 그들은 내가 날마다 상상의 날개를 펼치고 그곳으로 건너가, 거기에 살면서 느꼈던 것과 똑같은 즐거움을 몇 시간이고 누리는 것까지 막지는 못할 것이다. 그곳에서 느긋하고 넉넉하게 몽상에 잠길 수 있으리라는 생각만 해도 기분이 좋아진다. 그곳에 있는 꿈을 꾼다는 것은 이미 그곳에 간 것이나 다름없지 않은가? 나는 그보다 더한 일을 시도한다. 나는 매력적이긴 하지만 다소 모호하고 지루한 어떤 몽상에 매혹적인 이미지를 접목하여 그 몽상에 활기를 불어넣는다. 예전에는 내가 몽상의 황홀경에 빠질 때 그 대상들이 내 감각을 벗어나는 일이 많았는데, 지금은 내 몽상이 깊어질수록 그 대상들이 더 선명하게 나타나 보인다. 나는 종종 그 섬에 실제로 있었을 때보다 훨씬 더 기분 좋게 그 대상들 속으로 침잠해 들어간다. 그러나 불행하게도 상상의 힘이 예전만 못해 이제는 그런 상태에 이르려면 더 애를 써야 하고, 그런 상태가 그리 오래가지도 못한다. 아아, 슬프다! 사람은 육신을 벗어 내버리려 할 때 그것과 완전히 차단되다니!

(1777년 4월부터 5월)

여섯 번째 산책

루소가 에르메농빌 정원에서 약초를 채취하고 있다.

⚜

　방법만 잘 안다면 우리가 무의식적으로 하는 행동의 원인을 마음속에서 발견할 수 있다. 어제 나는 비에브르천(川)을 따라 장터 이쪽으로 식물 채집을 하려고 새로 난 큰길을 걷다가 바리에르 당페르[30] 근처에서 오른쪽으로 방향을 틀었다. 그러고는 들판으로 나가 퐁텐블로 도로를 지나 작은 강가에 있는 언덕으로 올라갔다. 오늘 내가 따라 걸은 노정은 그 자체로는 별 의미가 없다. 하지만 내가 예전에도 무의식적으로 똑같이 길을 우회했다는 것을 알아차리고 내 마음속에서 그 원인을 찾아보았다. 그리고 마침내 그 원인을 알게 되자 나는 내 행동이 우스워서 웃음을 참을 수 없었다.

　바리에르 당페르를 나오면 큰길 한 모퉁이에서, 여름마다 한 여자가 과일과 끓인 차와 작은 빵을 팔고 있었다. 그 여자에게는 발을 저는, 아주 착한 사내아이가 한 명 있었다. 그 아이는 목발을 짚고 다리를 절뚝거리면서 지나가는 사람들에게 친절한 태도

30　바리에르 당페르(Barrière d'Enfer). 파리시 남쪽 성문에 있던 입시세관(入市稅關). 현재 파리의 당페르로슈로(Denfert-Rochereau) 광장에 해당하는 위치에 있었다.

로 구걸을 했다. 나는 오다가다 몇 번 만나면서 그 꼬마와 아는 사이가 되었다. 아이는 내가 지나갈 때마다 꼭 다가와 인사를 했고, 그러면 나도 늘 그 아이에게 얼마씩 돈을 주었다. 초반에는 그 아이를 만나는 것이 좋았고 마음에서 우러나 돈을 주었으며, 그 뒤로도 얼마 동안은 즐겁게 계속 그 일을 했다. 종종 아이에게 말을 건네기도 했는데, 그 재잘거리는 목소리를 듣는 것이 나는 즐거웠다. 그런데 그 즐거움은 점차 습관이 되어서 언제부터인가는 일종의 의무가 되어 거북하게 느껴졌다. 특히 아이가 말의 첫머리에서 장황하게 늘어놓는 표현들이 듣기에 매우 괴로웠다. 아이는 말 중간에 꼬박꼬박 나를 루소 씨라고 불렀는데, 나와 가까운 사이임을 보이려는 의도는 알지만, 오히려 그것 때문에 나는 그 아이에게 내 이름을 알려 준 사람들 못지않게 그 아이도 나를 잘 모른다는 것을 충분히 깨달았다. 그때부터 나는 그곳을 지나는 것이 영 내키지 않아, 마침내는 그곳이 지름길인데도 다른 길로 돌아가는 버릇이 무의식적으로 생겨 버렸다.

이것이 바로 내가 왜 길을 우회하는지에 대해 골몰하다가 알아낸 사실이다. 나는 이제껏 그런 것에 대해 골똘히 생각해 본 적이 없었다. 내가 취한 행동을 이번에 곰곰이 되짚어 보면서 나는 다른 많은 것들을 계속 떠올려 볼 수 있었는데, 나에게 어떤 행동을 하게 한 최초의 참된 계기 대부분은 내가 오랫동안 생각했던 것처럼 그렇게 명확한 것이 아니라는 걸 알았다.

나는 선행을 베푸는 것이 인간의 마음이 누릴 수 있는 가장 참된 행복이라고 믿었다. 그러나 그런 행복은 벌써 오래전에 내 능력 밖의 일이 되어 버렸다. 나처럼 비참한 처지에 놓인 사람에게는 정말 선한 행동이라 할지라도 스스로 선택해서 보람차게 행한다는 것은 기대할 수 없는 일이다. 나의 운명을 쥐락펴락하는 사람들이 가장 세심한 주의를 기울인 일이 내게는 죄다 거짓되고 기만적인 겉치레에 불과했고, 그들이 내세운 미덕이라는 동기도 결국 나를 옭아매기 위한 미끼에 지나지 않았다. 나는 그 점을 잘 알고 있다. 앞으로 내 힘으로 할 수 있는 유일한 선행은 행동 자체를 하지 않는 것이다. 생각하지도 못하고 알지도 못하는 사이에 잘못 행동하지나 않을까 염려되기 때문이다.

물론 내 마음에 따라 움직이면서 다른 사람의 마음을 만족시키는 그런 행복한 순간도 종종 있었다. 그리고 내게는 그런 즐거움을 맛볼 때마다 내가 그것을 다른 어떤 즐거움보다 더 감미로워했다는 명예로운 증거도 있다. 나의 성향은 활발하고 진실하고 순수했으며, 내 영혼의 가장 내밀한 부분도 이를 거스르지 않았다. 하지만 나는 선행 뒤에 잇따르는 의무의 사슬 때문에 스스로의 선행에 대해 종종 중압감에 시달렸다. 그럴 때면 즐거움이 사라졌고, 처음 얼마 동안 나를 즐겁게 해 준 그 배려를 계속해야 한다는 것이 거의 견디기 어려울 정도로 부담스럽게 느껴졌다.

내가 짧게 누렸던 번영기에 많은 사람이 나에게 도움을 청했는데, 나는 내가 줄 수 있는 도움이라면 늘 흔쾌히 응하고 나섰다. 그런데 내가 온 마음을 기울여 행했던 처음 몇 번의 선행으로부터 전혀 예상치 못한, 멍에같이 짊어져야 하는 약속의 사슬이 계속 생겨났다. 내가 처음에 준 도움들은 그것을 받는 사람들의 입장에서는 당연히 이어질 도움에 대한 선금 같은 것이었다. 그러므로 어떤 불행한 사람이 내가 베푼 선행을 빌미로 나에게 달라붙으면 모든 게 끝장난 것과 같았다. 내가 자유롭게 자발적으로 베풀었던 최초의 선행은 뒤이어 제공받길 바라는 온갖 선행에 대한 무제한의 권리가 되어서, 심지어 내가 감당할 능력이 없어져도 나는 그것에서 벗어날 수 없었다. 더없는 기쁨을 주던 것이 어떻게 막중한 의무로 변하는지 나는 그제야 깨달았다.

그렇지만 이런 사슬도 내가 아직 대중에게 알려지지 않아 무명작가의 삶을 살았을 때는 그리 부담스럽지 않았다. 그런데 일단 저술을 통해 내가 누구인지 알려지자 — 그것은 분명 중대한 실수였는데, 그 뒤로 나는 불행이라는 비싼 대가를 치르고 말았다 — 그때부터 나는 가난한 자, 또는 자칭 가난한 자, 쉽게 속아 넘어갈 사람을 찾아다니는 온갖 사기꾼들, 나를 절대적으로 믿고 기대하는 척하며 갖은 방법을 다 써 내 마음을 붙잡으려는 별의별 사람들의 청원(請願) 상담자가 되었다. 나는 그제야 자선을 포함해 사람이 본디부터 가진 모든 성향을 사회에서 조심성 없이 무분별하게 드러내거나 따르게 되면, 그것이 원래 갖고 있던 성질이 변해 처음에 유익했던 것만큼 해로워진다는 걸 알았다. 내가 겪은 많은 쓰라린 경험들은 나의 타고난 기질까지 바꾸어 놓았다. 아니, 오히려 내 기질이 작용할 수 있는 범위를 확실히 함으로써, 타인의 나쁜 마음을 부추기기만 할 때에는 착한 일을 하려는 의지를 맹목적으로 따르지 않고자 애썼다.

하지만 나는 그와 같은 경험을 겪은 것을 후회하지 않는다. 지난 경험을 뒤돌아보고 반성하면서 나 자신에 대해 새롭게 깨닫고, 그리고 내가 잘못 보거나 잘못 판단했던 온갖 경우들에서 내가 취한 행동의 참된 동기에 대해 새로 배우는 것이 있었기 때문이다. 나는 기쁜 마음으로 선행을 베풀려면 어떤 것에도 얽매이지 않고 자유롭게 수행할 수 있어야 하고, 그것이 의무로 변하는 것만으로 그 모든 달콤함이 사라져 버린다는 사실을 알게 되었다. 의무의 중압감 때문에 가장 달콤한 즐거움마저 또 하나의 짐이 되는 것이다. 내가 이미 《에밀》에서 말했듯이,[31] 만일 내가 튀르키예에서 공개적으로 남편의 의무를 다하라고 촉구한 시대에 살았더라면 나는 분명 나쁜 남편이 되었을 것이다.

이상(以上)의 이유로 나는 나 자신의 미덕에 대해 오랫동안 품고 있던 생각을 크게 바꾸게 되었다. 본래 그런 성향을 지니고

---

31   《에밀》이 아니라 《고백》 제5권에서였다. "이슬람교국에서는 남자 한 사람이 새벽녘에 거리를 돌아다니면서 남편들에게 아내에 대한 의무를 다할 것을 명령한다고 했는데, 그런 시각으로 보면 나는 좋은 튀르키예 남자가 될 수 없을 것이다."

있어서 선을 행하는 것은 미덕이 아니며, 성향의 요구에 따라 선을 즐겁게 행하는 것도 미덕이 아니라는 사실을 깨달았기 때문이다. 미덕이란 의무가 우리에게 어떤 것을 명령할 때 자신의 성향을 극복하고 명령받은 바를 수행할 때 발휘되는 것인데, 그것이야말로 내가 세상에서 가장 잘하지 못하는 일이다. 나는 누구보다도 여리고 착한 마음을 갖고 태어났고, 약점이라 할 정도로 동정심이 많고 인정을 베푸는 일이라면 무엇에든 영혼의 고양을 느끼는 사람이어서, 마음이 동하면 기꺼이 맡아서 열정까지 불태우며 인간적이고 친절하게 도움을 베풀었다. 만약 내가 최고 권력자였다면 누구보다 너그럽고 관대하게 사람들을 대했을 것이고, 내 권력으로 복수가 가능하다는 사실만으로도 내 마음에서 복수심을 몰아낼 수 있었을 것이다. 또한 나는 자신의 이익을 침해하는 일 앞에서도 쉽사리 공명정대했을 것이다. 하지만 내게 지극히 소중한 사람들의 이익과 관련되는 일이라면 그렇게 하지는 못했을 것이다. 나의 의무와 나의 마음이 서로 대립되었을 때, 마음이 스스로 권리를 포기하지 않는 한, 의무가 승리하는 경우는 드물었다. 대개의 경우 나는 강하게 대처했지만 내 성향에 반해 행동하는 것은 언제나 불가능했다. 명령을 내리는 것이 사람이든 의무든 필연이든, 내 마음이 잠자코 있으면 내 의지는 작동하지 않아 나는 명령을 따를 수가 없다. 불행이 나를 엄습해 온다는 걸 알면서도, 앞장서서 그것을 막을 채비를 하기보다는 그냥 다가오도록 내버려둔다. 때로는 방법을 찾으려고 갖은 노력을 기울이지만, 그 노력은 나를 진력나게 하고, 나는 금세 힘이 쑥 빠져 아무것도 할 수 없게 된다. 나는 그게 뭐든 간에 내키지 않는 일을 하면 이내 일을 하는 게 불가능해진다.

그뿐만이 아니다. 설령 내 욕망과 일치하는 강요라 해도, 강요가 존재한다는 것만으로 욕망은 사라지고, 게다가 강요의 정도가 조금이라도 지나치면 욕망은 혐오로, 심하게는 반감으로 바뀐다. 사람들이 나에게 자선을 요구할 때 그 자선이 나에게 고통스럽게 느껴지는 이유가 바로 여기에 있다. 아무런 대가도 바라지 않고 베푸는 자선이야말로 내가 하고 싶은 일이다. 그러나 그걸 받은 사람이 자기가 자선을 계속 요구할 자격이라도 있는 것처럼 행세하면서 내가 그걸 안 받아 줄 경우 원망을 내뱉거나, 내가 처음에 기꺼이 그의 후원자 역할을 자임한 것으로 영원히 자신의 후원자가 될 것을 강권하면, 나는 거북함을 느껴 급기야 즐거움도 사라지고 만다. 이런 상황에서 내가 양보한다면 그것은 나의 나약함과 못난 수치심 때문일 뿐, 거기에 선의 따위는 사라진 지 이미 오래다. 그리하여 나는 내가 한 행동에 박수를 보내기는커녕 마지못해 선행을 베푼 것에 대해 내 양심의 과오를 자책하게 된다.

나는 은혜를 베푼 사람과 은혜를 입은 사람 사이에는 일종의 계약이 되어 있다고 생각한다. 그것은 모든 계약 중에서 가장 신성한 계약일 수 있다. 이 둘의 관계는 일반 사회에서 형성되는 관계보다 더 긴밀하다. 만일 은혜를 입은 사람이 은연중에 감사를 표할 의무를 지고 있다면, 은혜를 베푼 사람도 상대가 그 자격을 잃지 않는 한, 그간 보여 줬던 호의를 유지하고, 기회가 있을 때마다 요청받을 때마다 선행을 다시 베풀 의무를 지는 것이다. 이것은 계약에 제시된 조건 같은 것은 아니지만, 둘 사이에 성립된 관계의 자연스러운 결과라 할 것이다. 남에게 요청받은 무상의 봉사를 애초에 거절한 사람은 거절당한 상대에게 불평할 기회조차 주지 않는 셈이다. 그러나 만일 예전에 은혜를 베풀었던 사람에게 똑같은 은혜를 베풀기를 거절하는 것은 상대에게 품게 한 희망을 배반하는 셈이 된다. 다시 말해 자신이 상대에게 기대를 품게 만들어 놓고 그걸 속이고 저버리는 것과 같다. 이런 거절은 애초에 거절한 경우보다 왠지 더 부당하고 몰인정해 보인다. 그러나 그럼에도 이것은 개인이 자율적으로 결정할 문제이지 누가 이래라저래라 간섭할 수 있는 것이 아니다. 내가 빚을 갚는다면 의무를 수행하는 것이고, 내가 기부를 한다면 나 자신이 기쁘려고 하는 것이다. 그런데 의무를 수행하는 즐거움은 오로지 미덕의 습관이 만들어 내는 것들 속에 있다. 우리의 본성에서 즉각적으로 나오는 것들은 그처럼 높은 경지에 이르지 못한다.

숱한 우여곡절 끝에, 나는 마음의 첫 움직임을 따르면 어떤 결과를 낳는지 예견할 수 있게 되었다. 분별없이 자선을 베풀다가 나중에 어떤 속박을 당하는지도 깨우쳤다. 그래서 자선을 베풀고 싶은 마음도 있고 여건이 나쁘지 않음에도 자선을 삼갔다. 내가 항상 그런 염려에 휩싸였던 것은 아니다. 오히려 젊었을 때는 선행을 통해 마음을 채우려 했다. 그래서 내가 은혜를 베풀었던 사람들이 이해관계보다는 감사의 마음에서 나에게 애착을 가졌다는 것을 종종 느꼈다. 하지만 나에게 불행한 일들이 일어나기 시작하자 다른 모든 것과 마찬가지로 그 점에 있어서도 사정이 완전히 바뀌었다. 그때부터 나는 예전과 전혀 다른 세상 사람들과 생활하는 것처럼 되었다. 타인에 대한 나의 감정도 내가 그들의 감정에서 느낀 변화 때문에 고통을 겪었다. 나는 똑같은 사람을 전혀 다른 두 세대에 걸쳐 계속 만났는데, 결국 세대와 상관없이 서로 같아지고 만 것이다. 처음 만났을 때 진실하고 솔직했던 그들이 지금은 딴판으로 변해 다른 모든 사람과 꼭 같은 짓을 한다. 시대가 변했다고 사람들도 변한 것이다. 아! 나에 대해 이전과 전혀 다른 감정을 품고 있는 사람들에게 어떻게 내가 전과 같은 감정을 가질 수 있겠는가? 나는 그들을 미워하지 않는다. 나는 미워할 줄도 모르는 사람이다. 그러나 그들이 받아 마땅한 경멸을 언제까지고 숨길 수는 없다. 나는 그들에게 경멸을 드러내는 것을 삼갈 수 없다.

어쩌면 나도 내가 모르는 동안, 필요 이상으로 많이 변했을 것이다. 나와 같이 궁지에 몰려서도 타고난 천성을 유지할 수 있는 사람이 과연 몇이나 될까? 나는 지난 이십 년간의 경험을 통해, 자연이 내 마음에 불어넣어 준 좋은 기질이 내 운명과 그것을 좌우하는 사람들로 말미암아 나 자신과 남에게 피해를 입히게 했다는 것을 확인했다. 나로서는 사람들이 앞으로 나에게 자선을 권하면 그것이 나를 함정 속에 집어넣으려는 것이며 그 뒤에는 뭔가 나쁜 것이 도사리고 있다고밖에 볼 수 없게 되었다. 선행이 어떤 결과를 초래하든지 간에, 좋은 의도의 가치는 변함이 없을 것이다. 그렇다. 선행은 자체로 항상 가치가 있다. 그러나 거기에 내 마음을 끌 만한 매력 같은 것은 더 이상 없다. 그렇게 활력소 역할을 하던 것이 없어지자 내 마음도 무관심과 냉담밖에 느끼지 못한다. 그리하여 내가 선행을 베풀 때에도 진정으로 유익한 행동을 하는 것이 아니라 다른 사람의 수작에 속아 넘어가 이러는 것이라고 확신하고, 본래에 타고난 성품대로라면 열의와 열성으로 가득 차 행했을 일에도 이성의 반대와 이기심의 분노 때문에 혐오와 반감만 품게 되는 것이다.

마음을 북돋아 주고 단단하게 만드는 역경도 있지만, 마음을 무너뜨리고 망가뜨리는 역경도 있다. 나를 괴롭히고 파괴한 것이 바로 이것이다. 내 마음속에 나쁜 효모가 약간이라도 있었다면, 그 역경은 효모를 최고도로 발효시켜 나를 미쳐 날뛰게 했을 것이다. 나를 있으나 마나 한 존재로 만들었을 뿐이니 불행 중 다행이라고 생각해야 할까. 아무튼 나는 나 자신을 위해서도 남을 위해서도 선을 행하지 못하는 상태가 되어 행동 자체를 삼가게 되었다. 나의 이런 상태는 외부에서 강제된 것이라 죄가 된다고 할 수 없으므로, 나는 비난받을 걱정 없이 타고난 내 성향에 온전히 몰두하는 즐거움마저 느끼게 되었다. 물론 내 결정이 지나친 면이 없지 않다. 마땅히 베풀어야 할 선행도 피하기 때문이다. 나는 사람들이 나로 하여금 사물을 있는 그대로 보도록 놓아두지 않는다고 확신한다. 그래서 나도 사람들이 사물에 부여한 외관에 따라 사물을 판단하기를 삼간다. 나는 사람들이 교묘한 술책을 써서 행동의 동기를 감추더라도, 그 동기가 내 인식의 범위 안에 있는 한 그것이 위선임을 충분히 확인할 수 있다.

　나의 운명은 이미 내가 어렸을 적에 첫 함정을 파 놓고 나를 기다렸던 것 같다. 그래서 나는 오랫동안 다른 온갖 함정에 쉽게 걸려든 듯하다. 나는 태어날 때부터 남을 쉽게 믿었다. 그 믿음이 배신을 당한 적은 사십 년 동안 한 번도 없었다. 그러다가 나는 갑자기 다른 부류의 사람과 사물들 속에 내던져졌다. 나는 수많은 복병을 만나 고전을 면치 못했지만, 그들 중 누가 내 적임을 깨닫지 못하다가, 이십 년의 경험을 쌓고서야 겨우 내 운명이 처한 상황을 알게 되었다. 사람들이 짐짓 점잖은 척 나에게 보여 준 말투며 태도가 거짓과 허위에 지나지 않는다는 것을 확신하게 되자, 나는 그 전과는 정반대의 길로 치달았다. 일단 타고난 천성을 벗어던지면 우리를 제지할 경계가 사라지게 마련이다. 그때부터 나는 사람들이 미워지고 싫어졌다. 이 부분에서 나의 의지는 그들의 의지와 경쟁을 벌여, 그들이 온갖 술책을 부려 나를 그들로부터 떼어 놓은 것보다 훨씬 더 멀리 나를 그들로부터 떼어 놓았다.

그들은 이제 와서 갖은 애를 다 쓰고 있다. 내가 그들에게 갖고 있는 반감이 혐오로까지 발전하지는 않을 테니 걱정은 안 해도 된다. 그들은 나를 강압적으로 얽어매 둘 계획이었는데, 도리어 그들이 나에게 얽매여 있다고 생각하니 정말 불쌍하다는 생각마저 든다. 내가 불행하지 않으면 그들은 불행하다. 나는 나 자신을 돌아볼 때마다 그들이 측은하게 느껴졌다. 어쩌면 이런 판단이 오만하게 들릴지도 모르겠다. 나는 내가 그들보다 한참이나 위에 있다고 생각하기 때문에 그들을 미워하지 않는다. 그들은 고작해야 경멸의 대상일 뿐 증오의 대상이 되지는 못한다. 어떻든 나는 나 자신을 너무나 사랑하기 때문에 누구를 미워할 새가 없다. 미워한다는 것은 내 존재를 고립시켜 제한하는 일인데, 나는 오히려 내 존재를 전 세계로 확장하고 싶다.

나는 그들을 미워하기보다 그들한테서 벗어나고 싶다. 그들을 보면 감각이 잔뜩 예민해지고, 내 마음도 수많은 잔인한 시선들로 인해 받은 고통을 떠올린다. 그러나 그런 불안은 그것을 불러일으킨 대상이 사라지면 곧이어 사라진다. 그들이 눈앞에 있으면 나도 모르게 자꾸 신경이 쓰이지만, 일부러 그들과의 지난 일을 떠올리지는 않는다. 그들이 내 눈앞에 없으면 나에게 그들은 존재하지 않는 것과 마찬가지다.

나는 그들과 내가 직접 연관된 일에 대해선 전혀 관심이 없다.

그들끼리의 관계에서 발생하는 일은 여전히 내 관심을 끌고 내 마음에 자국을 낸다. 나는 마치 한 편의 드라마에 등장하는 인물들처럼 그들을 바라본다. 나의 도덕의식이 소멸되지 않는 한 정의는 내 주된 관심사다. 불의와 악의를 보면 지금도 분노로 얼굴이 벌게질 정도다. 허세를 부리거나 남에게 뽐내지 않는 덕행은 언제나 나에게 짜릿한 기쁨을 느끼게 하고 기분 좋은 눈물을 흘리게 한다. 올바른 판단을 위해서는 무엇보다 내가 직접 그것들을 보고 평가해야 할 것이다. 지금까지 살아온 날들을 가만히 돌이켜 보면 무슨 일이든지 남들의 판단을 무비판으로 받아들이거나 남들이 믿지 않으니 나도 믿지 않는 것은 참으로 얼빠진 짓이다.

만일 내 얼굴 모양이나 윤곽이 내 성격이나 기질과 마찬가지로 사람들에게 전혀 알려지지 않았다면, 나는 여전히 사람들 속에서 무난히 살아가고 있을 것이다. 내가 그들과 아무런 상관이 없는 제삼자이니 그들과 함께하는 모임도 즐겁게 느껴졌을지도 모른다. 그들이 내 일에 아무 관심을 두지 않는다면, 나는 타고난 성향을 거리낌 없이 털어놓으며 그들을 사랑할 것이다. 그들 모두에게 한 치의 사심도 없는 호의를 베풀 것이다. 하지만 그들에게 개인적인 애착을 품거나 의무의 멍에를 씌우지는 않을 것이다. 나는 그들이 온갖 법률로 제한하여 정하고서도 이기심 때문에 선뜻 나서지 못하는 그 모든 일에 자유로이 자진해서 그들을 위해 행할 것이다.

본디 내가 타고난 대로 자유롭고 세상에 이름도 알려지지 않은 채 고립되어 혼자 살았다면, 나는 좋은 일만 했을 것이다. 나의 마음속에는 단 한 톨의 해로운 정념의 씨앗도 없기 때문이다. 내가 신처럼 사람들의 눈에 안 보이고 전지전능했다면, 나는 신처럼 자비롭고 선량했을 것이다. 뛰어나게 훌륭한 인간을 만드는 것은 힘과 자유다. 나약과 예속은 악한 사람만을 만들 뿐이다. 만일 내가 기게스의 반지[32]를 가지고 있었다면, 나는 인간들의 속박에서 풀려나 도리어 그들을 속박하였을 것이다. 나는 가끔씩 공상에 잠겨, 나 같으면 그 반지를 어디에다 쓸까 생각해 보곤 했다. 권력이 있는 곳에는 당연히 남용의 유혹이 있는 법이다. 욕망을 마음 솟는 대로 충족시킬 수 있고 누구에게도 속을 염려 없이 무엇이든지 다 할 수 있다면, 과연 나는 무엇을 한결같이 바랐을까? 내 소망은 딱 한 가지밖에 없었을 것이다. 모든 사람이 흡족해하는 것을 보는 일! 사람들의 더없이 행복한 모습만이 내 마음에 변함없이 감동을 주었을 것이고, 거기에 도움이 되는 일이라면 그게 뭐든 쉬지 않고 열정을 쏟아부었을 것이다. 나는 언제나 공평하고 올바르게, 굳센 의지를 갖추고 선량하게 살아온 사람이므로 맹목적 불신이나 집요한 증오 따위로부터 나 자신을 보호할 수

---

32   기게스의 반지(Ring of Gyges)는 플라톤의 저서 《국가》에 나오는 마법의 반지이다. 이 반지는 소유자의 마음대로 자신의 모습을 보이지 않게 할 수 있는 신비한 힘이 있다. 플라톤은 "만약 자신의 행동과 그로 인한 결과를 책임질 필요가 없다면 어떤 행동을 할 것인가"에 대해 말하며 기게스의 반지를 예로 든다.

있었을 것이다. 그 이유는 내가 사람을 있는 그대로 보고 그들의 마음속 깊은 곳까지 능히 짐작할 수 있어서, 내 모든 애정을 받아 마땅한 사랑스러운 사람도, 내 모든 증오를 받아 마땅한 가증스러운 사람도 만나 본 적이 거의 없기 때문이다. 또한 남에게 해를 입히려다 오히려 자신이 해를 입는 사람들을 종종 보아 왔기에 그들의 사악함조차 내가 불쌍하게 여겼기 때문이다.

　나는 이따금 장난을 치고 싶은 마음에 사람들의 감탄을 자아내는 유치한 행동을 했을지도 모른다. 하지만 나는 사사로운 이익과 욕심에는 관심이 전혀 없고 타고난 내 성향만을 법칙으로 지키고 있을 따름이다. 따라서 정의를 엄격하게 적용해 일을 한 경우는 그리 많지 않았을 것이고 관대하고 공평하게 일을 처리한 경우는 셀 수 없을 정도였을 것이다. 신의 섭리의 집행자이자 그의 율법의 분배자로서, 나는 《황금 전설(Legenda Aurea)》[33]의 기적이나 생메다르 무덤의 기적[34]보다 더 정숙하고 유용한 기적을 행했을 것이다.

---

[33]　13세기 이탈리아 제노바의 대주교 야코부스 아 보라지네(Jacobus a Voragine)가 저술한 성인전. 그리스도교를 위해 순교한 많은 성인들의 생애와 기적, 여러 가지 행사와 관련된 이야기를 윤색하고 전설화한 것이다. 널리 유포되고 신앙을 넓히는 데 도움이 되었기 때문에 15세기에 황금이라는 이름이 붙여졌다.

[34]　파리의 부사제 프랑수아 드 파리(diacre François de Pâris)는 선행으로 이름을 떨치다 1727년 사망하여 생트 주느에브 언덕 남동쪽 기슭에 있는 생메다르 교회 부속 묘지에 묻혔는데, 그날부터 거기서 기적이 일어난다는 소문이 돌았다. 이 소문을 들은 절름발이, 나환자, 시각장애인 등이 이 무덤을 참배하러 몰려들었다. 1731년에 파리 치안 총감인 에로(René Hérault)는 무덤 앞에 공고문을 붙였다. "왕의 이름으로 신에게 경고하노니 여기서 기적을 일으키지 말 것."

자신의 모습을 보이지 않고 어디든 들어갈 수 있는 능력이 나를 저항하기 어려운 유혹에 빠뜨려 데리고 가려 하는 곳은 한 군데밖에 없다. 그리고 한번 그런 미망(迷妄)의 길에 접어들면 어디든 끌려가지 않을 도리가 있을까? 내가 그런 유혹에 끌려들지 않았을 거라든지, 혹은 이성이 그런 위험한 비탈로 굴러떨어지지 않도록 막아 주었을 거라고 기대한다면, 그건 인간의 본성과 자기 자신을 전혀 모르는 태도로밖에 볼 수 없다. 나는 다른 모든 사안과 당당히 맞설 자신이 있었지만 앞서 말한 그 점에 대해서만은 그러질 못했다. 인간의 상상을 초월한 힘을 갖게 된 사람은 인간의 나약함에 대한 경각심을 늦춰선 안 된다. 그렇지 않을 경우, 그 넘쳐 나는 힘은 사실상 그를 다른 사람들보다 못한 존재로 만들거나, 설령 그를 다른 사람들과 동등한 수준으로 돌려놓는다 해도 예전의 그 자신보다 못한 존재로 만드는 데만 쓰일 것이다.

나는 이리저리 궁리를 한 끝에 그 마법의 반지가 나에게 뭔가 어리석은 짓을 하게 만들기 전에 그것을 내버리는 게 더 좋겠다고 생각했다. 만일 사람들이 나를 있는 그대로 보지 않고 나와 전혀 다른 나를 끝끝내 보려고 한다면, 또한 나를 보는 것을 불편하고 짜증스럽게 느낀다면, 나는 그들 속에서 있는 듯 없는 듯 잠자코 있을 것이 아니라 그들의 눈에 띄지 않게 몸을 피해야 할 것이다. 내 앞에서 몸을 숨기고, 자신들의 괴상한 술책을 감추고, 빛을 피해 두더지처럼 흙 속에 묻혀 살아야 하는 사람들은 바로 그들인데도! 만약 그들이 그럴 수 있다면 나는 그들에게 있는 그대로의 나를 보라고 권하고 싶다. 그러나 그런 일은 그들에게는 불가능한 일일 것이다. 그들은 진정한 내 모습이 아니라 자신들이 만들어 낸 장 자크를, 제멋대로 미워하기 위해 임의로이 조작한 장 자크를 볼 뿐이다. 나는 거기에 조금도 관심을 보이지 않을 작정이다. 그들이 보고 있는 것은 실제 내 모습이 아니기 때문이다.

　이 모든 성찰을 통해 내가 이끌어 낸 결론은, 나는 제약과 책임과 의무를 감당해야 하는 시민 생활에 결코 적합한 사람이 아니었다는 것이다. 그리고 독립적인 내 천성 때문에 사람들과 함께 살고자 하는 이에게 요구되는 구속을 내가 능히 견뎌 낼 수 없었다는 것이다. 내가 어떤 일을 자유롭게 할 수 있는 한 나는 공손하고 부드럽게 행동하며 선한 일만 한다. 그러나 부득이한 사정에서든 인간관계 때문이든 속박을 느끼면, 나는 곧 반항적이 된다. 아니 고집쟁이로 변해, 있으나 마나 한 존재가 되고 만다. 나의 의지와 반대되는 어떤 일을 맡게 되면 나는 무슨 일이 일어나도 그 일을 하지 않는다. 그렇다고 내 의지대로 어떤 일을 해나가는 것도 아니다. 왜냐하면 나는 나약하기 때문이다. 나는 행동을 삼간다. 나는 모든 행동에 서툴고, 나의 모든 힘은 소극적인 데서 나오기 때문이다. 내가 범한 모든 과오는 나의 태만에서 비롯된 것이지 위법 때문인 경우는 거의 없다.[35] 나는 한 번도 인간의 자유가 자신이 원하는 것을 하는 데 있다고 생각하지 않았다.

반대로 자신이 원하지 않는 것을 결코 하지 않는 데 있다고 생각했다.[36] 그것이야말로 내가 항상 주장했고 또 기회 있을 때마다 지켜 낸 자유이며, 그로 인해 내가 동시대의 사람들에게 엄청난 비난을 산 자유이다. 적극적이고 수선스럽고 야심 찬 그들은 타인들의 자유를 혐오하고 자신들의 자유조차 등한시한 채, 때때로 자기들 의지대로 몰아붙일 수 있다면, 아니 타인의 의지를 지배할 수 있다면, 내키지 않는 일을 하면서 삶의 불편을 감수하고 명령을 내릴 위치에 있기 위해서는 그 어떤 비굴한 짓도 마다하지 않을 것이기 때문이다. 따라서 그들의 잘못은 나를 쓸모없는 구성원으로 간주해 사회에서 떼어 놓은 데 있는 것이 아니라, 나를 해로운 구성원으로 간주해 추방한 데 있었다. 고백하건대 나는 좋은 일을 한 적은 거의 없지만 결단코 의도적으로 나쁜 일을 해 본 적도 없기 때문이다. 실제로 나보다 더 나쁜 일을 덜한 사람이 세상에 또 있을지 의문이다.

(1777년 2월부터 여름)

---

35 "내 가장 큰 결점은 일을 소홀히 한다는 것이었다. 나는 하지 말아야 할 일을 한 적은 드물었으나, 불행히도 해야 할 일을 한 적은 훨씬 더 드물었다." (루소,《고백》, 제10권)

36 "한마디로 말해서, 제게 필요한 종류의 행복은 원하는 것을 많이 하는 것이 아니라 원하지 않은 것을 하지 않는 것입니다." (루소,《말제르브에게 보내는 편지》, 1762년 1월 4일)

일곱 번째 산책

루소가 자신의 방에 앉아 채집한 식물을 관찰하는 모습.
창밖으로 비엔 호수가 보인다.

갖가지 몽상을 모아 기록하는 일을 이제 막 시작한 것뿐인데, 벌써 끝나 가는 듯한 느낌이 든다. 요즘은 새 소일거리가 생겨 그것에 마음을 빼앗기는 바람에 몽상에 잠길 시간이 줄어들고 있다. 내가 새 재미에 열중하고 있는 모습은 남이 보기에 괴상하기도 해서, 가만 생각하면 나도 모르게 웃음이 난다. 그래도 나는 새 소일거리에 열중한다. 나와 같은 처지에 있는 사람에게는 주위를 거리끼지 않고 자기가 좋아하는 일을 하는 것 말고는 별다른 방법이 없기 때문이다. 내 운명에 대해서는 나도 어찌할 도리가 없다. 나는 그 어떤 사람보다 순수하지만, 단지 그뿐이다. 세상 사람들의 판단은 나에게 이제 아무 의미가 없으므로, 내가 사회 속에 있든 홀로 있든 내 능력의 범위 안에서 자유분방하게 사고하고 얼마 남지 않은 힘을 믿고 의지하면서 자기 자신에게 만족하며 즐겁게 살아가는 것이 현명한 처사라고 생각한다.

그리하여 나는 마른풀을 내 모든 양식으로 삼았고, 식물학이 나의 온전한 소일거리가 되었다. 나는 나이가 지긋해져 스위스에서 디베르누아 박사에게 식물학의 기초를 배웠는데, 그 후 여행을 하면서 식물 채집에 큰 재미를 느껴 식물계에 대해 꽤 많은 지식을 쌓을 수 있었다. 그러나 예순이 넘어 파리에 정착하고 나서는 대단위로 식물 채집을 할 기운도 없어지고, 악보 베끼는 일에 전념하느라 다른 일에 신경 쓸 여유가 없어, 그 소일거리를 포기하고 말았다. 그래서 식물 표본첩도 팔고 책도 팔아 버리고는 산책하며 파리 주변 지역에서 수두룩하게 발견하던 식물들을 다시 보는 것으로 만족하고 있었다. 그러는 사이에 내가 갖고 있던 식물학에 대한 약간의 지식은 과거, 머릿속에 새겨 넣을 때와는 비교가 안 될 정도로 빠르게 내 기억에서 거의 완전히 지워져 버렸다.

그런데 갑자기 예순다섯이 넘어서 남아 있던 얼마 안 되는 기억력도 떨어지고, 들판을 돌아다닐 체력도 약해지고, 안내자는 물론 책도 정원도 식물 표본첩도 사라진 마당에, 처음 열중했을 때보다 더 많은 열정을 가지고 다시 그 일에 미친 듯이 빠져들고 말았다. 그리하여 지금 나는 무라위(Murray)의《식물의 세계에 대하여》를 통째로 암기하고, 지구상에 알려진 모든 식물을 식별해 보고자 하는 계획을 진지하게 세우려는 중이다. 식물학책은 다시 살 만한 형편이 못 되어 사람들이 나에게 빌려준 것을 베껴 쓰기 시작했다. 그리고 처음에 만들었던 것보다 내용이 더 풍부한 표본첩을 만들기로 결심하고, 바다 식물과 알프스산맥의 식물 및 인도의 나무들까지 모두 채집해 그 속에 넣기를 기대하면서 우선 어렵지 않게 구할 수 있는 별봄맞이꽃, 파슬리류, 서양지치, 개쑥갓부터 모으기 시작했다. 나는 전문가답게 새장 위에 자란 식물도 채집하고, 새로운 풀잎을 발견할 때마다 흡족해하며 "식물이 또 하나 늘어나게 생겼군" 하고 혼자 중얼거린다.

갑자기 무슨 뚱딴지같은 짓이냐 물을 수도 있다. 그렇게 결심한 이유를 구구절절 설명하고 싶지는 않다. 나는 그것이 당연한 이치라고 생각한다. 나와 같은 처지에서는 자기를 즐겁게 하는 소일거리에 몰두하는 것이 현명하고 큰 미덕이라고까지 여기고 있기 때문이다. 그것은 내 마음에 그 어떤 복수나 증오의 싹도 틔우지 못하게 한다. 나와 같은 운명을 타고난 사람이 그런 소일거리에 취미를 붙이기 위해서는 화를 내거나 조급하게 굴지 않도록 각별히 조심해야 한다. 식물에 몰두하는 것은 나를 박해한 자들에게 내 식으로 복수를 하는 것이기도 하다. 그들의 바람과 달리 내가 행복해지는 것이야말로 내가 그들에게서 받았던 고초를 가장 확실히 대갚음하는 방법일 것이다.

그렇다. 분명 이성은 내가 내 마음을 사로잡거나 자연스레 끌고 가는 모든 성향에 내 몸을 맡기는 것에 동의하고 심지어 그렇게 하라고 명령하기까지 한다. 그러나 이성은 내가 왜 그런 성향에 이끌리는지에 대해서는 알려 주지 않는다. 그리고 당장 이익을 보게 되는 것도 아니고 작업 진행 속도도 더딘 식물학 같은 쓸모없는 연구에 내가 어떤 매력을 느끼는지, 이미 늙어서 추론력도 떨어지고 기력도 없고 몸도 둔하고 유창함도 사라지고 기억력도 쇠퇴한 나를 도대체 무엇이 젊은 시절에나 할 법한 훈련이나 초등학생 시절에나 들었을 법한 수업으로 되돌려 놓는지에 대해서도 알려 주지 않는다. 참으로 별난 일 같게만 여겨져 나도 그 이유가 궁금하다. 그것이 밝혀진다면 내가 늘그막에 여가를 바쳐 높이고자 한 자기 이해에 약간의 햇살이 새로이 비칠 것 같다.

나는 가끔 생각에 깊이 빠져들고는 했다. 하지만 즐겁게 한 적은 드물었고, 거의 언제나 부득이한 사유로 마지못해 하듯이 했다. 몽상은 나의 피로를 치유하고 나를 즐겁게 만들지만, 숙고(熟考)는 나를 피곤하고 슬프게 한다. 생각하고 궁리하는 것은 나에게 항상 고통스럽고 매력 없는 일이었다. 때때로 몽상이 명상으로 끝나는 일도 있지만, 일반적으로 내 명상은 몽상으로 끝이 난다. 그렇게 몽상에 잠겨 정처 없이 헤매고 있는 동안 내 영혼은 상상의 날개를 펼치고 하늘로 날아올라, 다른 모든 쾌락을 압도하는 황홀경 속을 떠돈다.

몽상을 완전히 순수한 상태로 즐기는 동안에는 다른 모든 일이 따분하기 짝이 없었다. 그런데 내가 마치 계시를 받은 것처럼 외부의 자극에 이끌려 문단에 뛰어든 이후 나는 정신노동에 피로를, 격에 맞지 않는 명성에 성가심을 느꼈고, 동시에 내 감미로운 몽상도 생기를 잃고 뜸해지는 것을 느꼈다. 그리고 나는 곧 부득이하게 내 서글픈 처지를 보살펴야 해서 그 소중한 황홀경을 아주 드물게밖에 누릴 수 없게 되었다. 오십 년 동안 나에게 재산과 명예의 자리를 대신해 주고, 단지 시간만 투자하면 한가하게 빈둥거리던 나를 세상에서 제일 행복한 사람으로 만들어 주던 그 황홀경을 말이다.

나는 몽상 속에서도 내 상상력이 내가 겪은 불행에 겁을 먹어 결국 불행 쪽으로 흘러가지나 않을까, 끊임없이 나를 옥죄어 온 고통의 감정이 내 마음을 짓눌러 마침내는 그 무게로 나를 짓밟지는 않을까 두려움에 떨어야 했다. 그런 상태에서도 내 타고난 본능은 나에게서 모든 음울한 생각을 몰아내 상상력이 평온을 유지하게 했고, 나로 하여금 주위 대상들에 관심을 쏟게 함으로써 그때까지 하나의 덩어리나 전체로만 바라보았던 자연의 풍광을 처음으로 세세히 살피게 했다.

수목과 관목과 식물은 대지를 매만져 곱게 꾸미는 장신구이자 옷이다. 눈에 들어오는 것이라곤 돌과 진흙과 모래뿐인 헐벗은 들판의 풍경만큼 우울한 것은 없다. 그렇지만 자연에서 생기를 얻고, 흐르는 물과 지저귀는 새들에 둘러싸여 혼례복을 차려입으면, 대지는 동물·식물·광물의 세 가지 세계의 조화 속에서 활기와 재미와 매력으로 온통 가득 찬 광경을, 이 세상에서 인간의 눈과 마음이 봐도 봐도 물리지 않는 유일한 광경을 인간에게 선사한다.

자연의 고요한 관찰자에게 다감한 영혼이 있다면 그는 그만큼 더 그 조화가 그의 내부에 끌어 일으키는 황홀경에 더 빠져든다. 그러면 편안하고 포근하고 오묘한 몽상이 그의 감각을 사로잡고, 그는 광대하고 아름다운 체계 속에 그윽하게 빠져들어 그것과 하나 되는 감흥에 젖어 들게 된다. 각자 따로 나뉘어 있는 모든 대상은 마침내 흩어져 사라지고 그는 모든 것을 전체 안에서만 보고 느끼게 된다. 그 세계를 다시 부분별로 나눠 관찰하고 싶으면, 어떤 특별한 상황이 발생해 그의 사고를 재정비하고 그의 상상력을 제어해야 한다.

바닥 모를 절망감만 짓씹고 있던 내 마음이 낙담에 빠져 점점 사그라들던 남은 열정을 보존하기 위해 모든 움직임을 자기 주변에 집결시키려 애쓸 때, 방금 언급한 그런 일이 나에게 자연스레 일어났다. 나는 내 고통을 후벼 놓을까 두려워 감히 생각 따위를 할 엄두조차 못 낸 채 숲과 산을 나른히 헤매고 다녔다. 나의 상상력은 괴로운 시간을 생각게 하는 사물들을 거부하고 가볍고 달콤한 인상을 안겨 주는 주변의 사물에 내 감각이 빠져들게 했다. 나의 눈은 이리저리 쉴 새 없이 사물들을 쫓아다녔는데, 그토록 다채로운 형상 중에서 어느 하나만 골똘히 쳐다보거나 더 오래오래 지켜볼 수는 없는 노릇이었다.

나는 이런 눈의 오락을 좋아했다. 그것은 불행을 고뇌하는 내 정신에 휴식과 즐거움과 소일거리를 줄 뿐 아니라 괴로움에 시달리는 내 감정을 잠시 쉬게 해 준다. 사물이 본디부터 가지고 있는 모습은 그와 같은 기분 전환에 매우 좋고, 기분 전환을 더 매력적으로 만들어 준다. 향기로운 냄새, 강렬한 색채, 더없이 우아한 형태들은 나의 관심을 끌어 보려고 서로 질세라 기를 쓰고 있는 듯하다. 그런 감미로운 느낌에 몸을 맡기고 싶다면 쾌락을 즐길 줄만 알면 된다. 주변의 사물이 참으로 인상적이었다고 해서 모든 사람에게 그 효과가 나타나지는 않는다. 타고난 감수성이 부족한 탓이기도 하겠으나 대개는 다른 생각에 골몰해 있어 그들의 감각을 자극하는 대상에 정신이 내놓고 열중하지 못하기 때문이리라.

고상한 취향을 가진 사람들이 식물계에 그리 관심을 두지 않는 이유가 또 하나 있다. 바로 식물을 약재와 치료제 차원에서만 접근하는 관습이다. 테오프라스토스(Theophrastos)[37]는 이와는 다른 방식으로 식물을 다루었으므로, 사람들에겐 거의 알려져 있지 않지만 그를 고대의 유일한 식물학자로 간주할 수 있을 것이다. 디오스코리데스(Pedanius Dioscorides)라는 조제법 편찬자와 그의 주해자들은 의학을 닥치는 대로 받아들여 식물이라는 식물을 모

---

[37] 고대 그리스의 철학자(B.C.372?~B.C.287?). 식물학의 시조로 꼽히며, 아리스토텔레스 형이상학의 문제점을 연구하였다. 남아 있는 글 중에서 가장 중요한 것은 《식물 탐구(Peri phytōn historia)》, 《식물의 성장(Peri phytōn aitiōn)》으로 각각 9권과 6권으로 이루어져 있다.

두 약초로 변모시켜 버렸다. 그 바람에 사람들은 식물에서 우리 눈으로 볼 수 없는 것만을 보게 되었다. 다시 말해 식물을 처음 본 사람이면 누구나 식물에 부여하고 싶어 하는 소위 효능만을 보게 되었다. 사람들은 식물의 구조 자체가 관심의 대상이 될 수 있다는 점을 생각하지 못한다. 박식한 척 조개껍데기를 분류하며 일생을 보내는 사람들까지도 자기네들이 말하는 이른바 질병 치유력에 대한 연구가 덧붙여지지 않는다면 식물학은 쓸모없는 연구일 뿐이라고 깔본다. 거짓을 말하는 것은 아니지만 치유적 특성에 대해 아무것도 우리에게 말해 주지 않는 자연 관찰 따위는 포기하고, 무조건 자기들 말을 믿으라고 말하는 거짓말쟁이들의 권위에 순종하라는 것이다(그런데 대개 이들의 권위도 타인의 권위에 근거하고 있다).

갖가지 색의 꽃으로 덮인 초원에서 걸음을 멈추고 거기서 반짝거리고 있는 꽃들을 하나하나 살펴보라. 사람들은 그런 행동을 하는 당신을 보고 외과 의사의 보조원쯤으로 여겨 아이들의 만성 피부병과 어른들의 습진 또는 말의 비저병(鼻疽病)을 낫게 하는 풀이 어떤 거냐고 물을 것이다. 이런 고약한 편견은 다른 나라, 특히 영국에서는 어느 정도 없어졌는데, 식물학을 약학의 갈래에서 약간 떼어 내어 자연사(自然史)나 경제적 쓸모로 돌려놓은 린네 덕분이다. 그러나 그런 연구가 대중에게 잘 알려지지 않은 프랑스에서는 그 분야가 너무 미개척 상태여서, 파리의 어떤 학자는 런던에 갔을 때 진귀한 나무와 식물로 가득 찬 호사가의 정원을 보고 "어허, 이것 참 정말 아름다운 약제사 정원입니다!"라고 외쳤다고 한다. 그 논리대로라면 최초의 약제사는 아담이 되는 것이다. 에덴동산보다 더 식물이 빠짐없이 다 갖추어진 정원을 떠올리기란 쉽지 않기 때문이다.

식물을 약용이나 약재로만 생각하는 이런 방식은 확실히 식물학 연구를 유쾌하지 못한 것으로 만들어 버린다. 그것은 목초지의 갖가지 빛깔과 꽃의 찬란한 색깔을 바라게 하고, 작은 숲의 싱그러움을 메마르게 하고, 푸른 초목과 나무 그늘을 무미건조하고 불쾌한 것으로 만든다. 식물이라면 뭐든지 막자사발에 넣고 빻을 생각만 하는 자에겐 매력 있고 우아한 그 형태들은 아무 의미가 없을 것이다. 이 풀은 관장(灌腸)에 좋겠다고 생각하며 연인에게 선물할 화환을 꾸밀 사람이 얼마나 있을지 모르겠다.

하지만 이 모든 약학 연구도 전원에 대해 내가 갖고 있는 이미지를 손상하지는 못했다. 탕약이나 고약보다 더 그 이미지와 동떨어진 것도 없었다. 밭이나 과수원, 숲, 또 그곳에 자리 잡고 사는 많은 것들을 가까이서 관찰하면서, 나는 때때로 식물계란 자연이 인간과 동물에게 선사한 식품 창고가 아닌가 하고 생각했다. 그러나 나는 거기서 약재나 치료제를 구할 생각은 한 번도 해 본 적이 없었다. 자연의 다양한 산물 가운데 자기가 그런 용도라고 나에게 알려 준 것은 아무것도 없었다. 만약 자연이 그런 용도를 권장했다면, 먹을 것으로 쓸 수 있는 것들에 대해 그랬듯 무엇을 우리가 선택해야 하는지를 알려 주었을 것이다.

내가 작은 숲을 거닐면서도 열병이나 요로결석이나 통풍이나 간질을 생각하면서 인간의 병약함을 의식하게 된다면 그 즐거움이 괜히 훼손될 것 같은 기분이 든다. 물론 나는 식물에 부여된 특별한 효능에 대해 이러쿵저러쿵하고 싶은 생각은 티끌만큼도 없다. 다만 식물이 실제로 그런 효능을 갖고 있다손 치더라도, 그것은 병자들을 속이려는 고약한 장난에 불과하다는 말만 해 두겠다. 사람이 걸리는 수많은 병 중에서 스무 종 정도의 약초로 완치가 가능한 병은 하나도 없기 때문이다.

나는 항상 자연의 모든 것을 물질적 이익과 연관시켜 어디서나 보조제나 치료제를 찾고, 자신이 건강할 때는 자연을 아무렇지도 않게 대하는 그런 사고방식을 결코 가져 본 적이 없다. 그 점에서 나는 다른 사람들과 정반대로 생각하고 궁리하고 있다고 느낀다. 내 욕구의 해결과 결부된 모든 것은 내 마음에 고통과 상처를 준다. 나는 육체의 이익을 완전히 잊어버리지 않고서는 정신적 즐거움에서 도무지 진정한 매력을 찾을 수 없다. 그렇기 때문에 비록 내가 의학을 믿고 치료제에 만족한다고 하더라도, 그런 것에 정신이 팔린다면 사사로움이나 욕심 없는 명상이 주는 그 희열을 결코 맛보지 못할 것이다. 또한 내 영혼이 육체의 굴레를 쓰고 있는 한 영혼이 자연 속에서 열광하거나 활공하는 일도 없을 것이다.

나는 의학을 도대체 신뢰할 수 없었다. 하지만 내가 존경하고 가까이 사귀어 내 몸을 전적으로 맡겼던 의사들에 대해서는 큰 신뢰를 보냈다. 그런데 지난 십오 년의 경험은 나에게 값비싼 대가를 치르게 하고 많은 것을 가르쳐 주었다. 그리하여 나는 자연의 법칙만을 따르기로 했고 마침내 자연을 통해 본래의 건강을 회복했다. 나는 그들한테서 불만을 살 만한 일은 하지 않았지만, 그들이 나를 증오한다 해도 별 상관이 없다. 그들의 기술이 내게 별 볼 일 없고 그들의 치료가 아무 쓸모없음을 증명하는 일일 테니.

나 자신의 일이나 형편, 내 육체의 이익이나 손해와 관련되는 어떤 것도 내 영혼을 점령할 수 없다. 내가 가장 감미롭게 명상이나 몽상에 잠길 때는 나 자신을 잊을 때다. 이를테면 생명체의 체계 속에 녹아들어 자연과 온통 일체가 될 때, 나는 이루 말할 수 없는 황홀감을 느낀다. 사람들과 형제와 같은 유대감을 가졌을 때는 나도 지상에서 더없이 행복한 삶을 살 계획을 세웠다. 그 계획은 늘 모두와 연관돼 있는 것이어서, 나는 사람들이 두루 행복해야 행복할 수 있었다. 개인의 행복이란 관념은 내 동료들이 오직 나의 불행 속에서 자신들의 행복을 찾고 있다는 사실을 알기 전까지는 내 마음에 와닿지 않았다. 그래서 그들을 증오하지 않기 위해서는 그들을 피하는 수밖에 도리가 없었다. 그리하여 나는 만물의 어머니인 자연에게로 피신해 그 품 안에서 그들의 공격을 피하고자 했다. 나는 고독한 사람이 되었다. 아니, 그들의 말을 빌리면 사회 속에서 살 수 없는, 인간을 혐오하는 사람이 된 것이다. 가장 원시적인 고독조차 증오와 배신만 일삼는 악인들의 사회보다 더 낫다고 여겼기 때문이었다.

나는 나도 모르게 내 불행한 처지를 생각할까 봐 두려워 될 수 있는 대로 생각을 삼가려 했다. 그리고 아직은 즐거운 기운이 남아 있지만 조금씩 활기를 잃고 있는, 결국은 극심한 불안으로 질겁해 도망칠 수 있을 상상력의 흔적을 애써 숨겨 두어야 했다. 또한 나에게 치욕과 모욕을 준 사람들에 대한 분노 때문에 끓어오르는 격정을 참지 못할까 봐 그들을 잊으려고 별별 애를 다 썼다. 그러나 이 같은 노력에도 불구하고 나는 나 자신에게 온전하게 집중할 수 없다. 외향적인 내 영혼이 다른 존재들을 향해 자기 멋대로 감정과 존재감을 펼쳐 보이려 하기 때문이다. 그런데 나는 예전처럼 자연이라는 드넓은 바다에 무모하게 뛰어들 수가 없다. 나의 능력은 점점 줄어서 약해지고 태만해져, 이제는 내 손이 닿는 곳에 있는 뚜렷하고 고정된 대상을 발견해도 그것을 제대로 붙잡을 수 없고, 또 예전처럼 황홀경의 혼돈 속에서 헤엄칠 정도의 기력도 더 이상 몸에 남아 있지 않기 때문이다. 내가 어떤 일에 대해 갖는 생각은 이제 거의 느낌에 의존하고, 내 이해력의 범위는 직접적으로 나를 둘러싸고 있는 대상에 한정되어 있다.

　사람들을 피해 고독의 길을 걷다 보니 더 이상 상상에 사로 잡히지 않고 생각도 형편없이 줄어들었지만, 나는 쇠약과 우울과 무기력과는 거리가 먼 활달한 기질을 타고난 사람이라 주위의 모든 것들에 관심을 가지기 시작했다. 그리고 자연스러운 본능 같은 것에 이끌려 가장 내 기분을 좋게 해 주는 대상을 선택하게 되었다. 광물계는 그 자체로는 사랑스럽고 매력적인 구석이 전혀 없다. 땅속 깊숙이 묻혀 있는 광물은 사람들의 탐욕을 돋우지 않기 위해 그들의 시선에서 벗어나 있는 듯하다. 인간과 가까이 있는데도 인간이 타락해 가면서 흥미가 떨어지고 있는 참된 부(富)의 보충물로 언젠가 사용되기 위해 땅속에 비축되어 있는 셈이다. 그때가 되면 인간은 광물계에서 자신의 가난을 구제받기 위해 하루하루 버둥대며 밤낮없이 일해야 할 것이다. 인간은 대지의 깊숙한 곳을 파헤치고, 생명의 위험을 무릅쓰고 건강을 희생시켜 가면서까지 그 속으로 들어간다. 물질이 풍요로웠던 시대에는 대지가 알아서 제공해 주던 실제의 재화 대신 가공의 재화를 찾으러 말이다.

　인간은 태양과 빛을 피한다. 그들은 더 이상 그것을 볼 자격이 없는 사람처럼 행동한다. 햇빛을 받으며 살아갈 수 없게 되었으니 산 채로 땅속에 파묻혀 재산이나 모은다는 식이다. 거기서는 채석장, 깊은 구덩이, 대장간, 화덕, 모루, 망치, 연기, 불 등

이 시골에서의 즐거운 노동 장면을 대신한다. 광산에서 풍기는 악취로 신음하는 불행한 사람들의 해쓱한 얼굴, 시커먼 대장장이들, 보기만 해도 끔찍한 외눈박이 거인들……, 이것이 땅 위의 풀과 나무와 꽃과 푸른 하늘과 사랑에 빠진 목동과 튼튼하고 기운 센 농부의 모습을 대신해 광산의 기계들이 땅속에 만들어 낸 광경이다.

솔직히 말해, 모래와 돌을 주워 주머니와 진열실을 가득 채우고선 그것으로 박물학자인 척하는 건 쉽다. 그러나 그런 식의 수집에 몰두하면서 거기에 만족해하는 사람들은, 대개 과시의 기쁨만을 추구하는 돈 많은 무식자에 불과하다. 광물 연구에서 이득을 보려면 화학자나 물리학자로 바뀌어야 한다. 고생스럽고 돈 많이 드는 실험을 해야 하고, 비지땀을 쏟으며 일해야 하고, 석탄과 도가니와 화덕과 증류기 사이에서 숨 막히는 것 같은 연기와 증기 속에서 늘상 생명의 위험을 무릅쓰고 종종 건강을 해치며 많은 돈과 시간을 퍼부어야 하는 것이다. 이렇게 음울하고 피곤한 작업을 통해 얻는 것이라곤 대개 지식보다는 교만함이다. 그러니 제아무리 보잘것없는 화학자라 하더라도 어쩌다 우연히 무슨 하찮은 화합물이라도 발견하게 되면 자기가 마치 자연의 위대한 작동 원리를 꿰뚫어 알아차린 것처럼 구는 것이다.

동물계는 광물계보다 더 우리 가까이 있고, 연구할 만한 가치도 더 높다. 하지만 결국은 그 연구에도 나름대로의 어려움과 곤란함과 거부감과 수고가 따르지 않겠는가? 특히 놀이를 하거나 일을 하는 데 있어서 그 누구의 도움도 기대할 수 없는 고독한 사람에게는 더하면 더하지 덜하지는 않을 것이다. 공중을 나는 새와 물속의 물고기, 그리고 바람보다 가볍고 사람보다 더 강한 네발짐승을 어떻게 관찰하고 해부하고 공부하고 달통할 수 있겠는가? 그것들이 내 연구에 제 발로 찾아올 리 만무하고, 그렇다고 내가 그것들을 쫓아가 힘으로 굴복시킬 수도 없는 노릇이 아닌가. 따라서 나는 달팽이나 벌레나 파리를 연굿거리로 삼을 것이다. 그리고 숨을 헐떡대며 나비를 쫓고, 가엾은 곤충에 핀을 꽂고, 어쩌다 잡게 된 생쥐나 우연히 발견한 동물의 사체를 해부하면서 일생을 보내게 될 것이다. 동물 연구는 해부를 해 보지 않으면 말짱 헛일이다. 동물을 분류하고 속과 종의 구분을 배우는 것은 바로 해부를 통해서이다. 동물의 습성과 특징을 연구하려면 새 사육장과 인공적으로 물고기를 기를 연못과 동물 우리가 필요할 것이고, 어떤 식으로든 동물들을 내 주변에 잡아 두기 위해 붙잡아 두지 않으면 안 될 것이다. 그런데 나는 동물을 가두어 기르고 싶은 마음도 없고 그럴 수단도 없을뿐더러, 동물이 자유로이 돌아다닐 때 그 뒤를 졸졸 따라다닐 만한 민첩함도 없다. 그러므로 아무래도 죽은 동물을 연구하지 않으면 안 될 것이다. 그것들의 배를 가르고, 살을 떼어 내고, 꿈틀대는 내장을 훑어 내며 이것저것 살펴야 할 것이다. 해부실이란 또 얼마나 끔찍한 곳인가! 악취를 풍기는 시체, 곪아 터진 상처 사이로 드러난 납빛 살, 흐르는 피, 구역질 나는 창자, 소름 끼치는 해골, 역겨운 냄새의 증기! 맹세하건대 그곳은 결사코 장 자크가 소일거리를 구하러 갈 곳은 아니다.

찬란히 피어 있는 꽃이여. 다채로운 빛깔의 초원이여, 시원한 나무 그늘이여, 시냇물이여, 작은 숲이여, 푸른 초목이여, 온갖 추악한 것들로 더럽혀진 내 상상력을 깨끗하게 만들어 주오. 아무리 큰 움직임이 몰아닥쳐도 미동조차 하지 않는 내 영혼은 이제 내 감성을 따뜻하고 부드럽게 어루만져 줄 수 있는 대상에 의해서만 느낌을 받는다. 내게 남은 것은 이제 감각뿐이다. 그것을 통해서만 이 세상의 고통과 기쁨을 인지할 수 있다. 나는 주위의 기분 좋은 대상들에 마음이 끌려 그것들을 자세히 살피고 감탄하면서 바라보고 서로 비교해 본다. 드디어 마지막에는 그것들을 분류하는 법을 익힌다. 그러다가 갑자기 나는 식물학자가 된 것이다. 자연을 연구하는 유일한 목적이 자연을 사랑할 새로운 이유를 계속 찾는 데 있다고 여기는 사람이야말로 식물학자가 되어야 할 것이다.

나는 애써서 뭘 배우려고 하지 않는다. 그러기에는 너무 늦었다. 게다가 학문이란 것이 인생의 행복에 도움이 되었다고 생각해 본 적이 한 번도 없다. 나는 쉽게 맛볼 수 있는, 내 불행을 잠시 달래 줄 감미롭고 소박한 소일거리를 얻으려 할 뿐이다. 나는 비용이나 수고도 들이지 않고, 이 풀에서 저 풀로, 이 식물에서 저 식물로 편안하게 옮겨 다니면서, 그것들을 관찰하고 다양한 특징을 비교하고 서로 간의 유사점과 차이점을 적어 놓는다. 그런 다음 마침내 식물 조직을 자세히 살펴봄으로써 식물 각 기관의 움직임과 작용 과정을 들여다보고, 때때로 그것들 사이의 일반적 법칙이나 다양한 구조를 취하는 이유나 목적을 성공적으로 찾아내며, 또 그 모든 것을 나로 하여금 즐길 수 있도록 해 주는 창조주의 손에 대한 감사를 드리고 감탄을 표한다.

식물이 마치 하늘에 총총한 별처럼 이 세상 곳곳에 풍성하게 뿌려져 있는 것은 자연을 즐거움과 호기심으로 연구하도록 자연에 우리를 초대하려는 것은 아닐까. 그러나 별은 우리가 도달하기엔 너무 먼 곳에 있다. 별을 일정 수준만큼 조사하고 접근하기 위해서는 예비지식과 관측 도구, 기계와 아주 긴 사다리가 필요하다. 반면에 식물은 본디부터 우리 곁에 있다. 식물은 우리의 발 아래에서, 말하자면 우리 손이 닿을 만한 곳에서 돋아난다. 때로 식물의 주요 부분이 너무 미세해서 직접 눈으로 볼 수 없는 경우도 있지만, 그것을 볼 수 있게 해 주는 기구들은 천문학 도구들보다 훨씬 사용이 간편하다.

식물학은 겨를이 생겨 여유가 있고 행동이 느린 고독한 사람에게 어울리는 연구다. 핀 하나와 돋보기 하나, 식물을 관찰하는

데에는 이것만 있으면 된다. 그는 산책을 하고, 편안하게 여기저기 옮겨 다니면서, 흥미와 호기심을 가지고 각각의 꽃을 관찰한다. 그러다가 꽃의 구조를 파악하기 시작하면, 큰 힘을 들여 얻은 성과만큼이나 강렬한 기쁨을 식물을 관찰하는 데서 별 고생 없이 맛볼 수 있는 것이다. 기분 전환에 좋은 이 작업에는 정념이 완전히 평온해졌을 때만 느낄 수 있는 매력이 있다. 그것만으로 인생이 행복해지고 감미로워지는 그런 매력이 있다.

하지만 밥벌이를 위해서든 책을 쓰기 위해서든 이해관계나 허영심이 끼어들면, 또 단순히 가르치기 위해 배우려 한다거나, 저자나 교수가 되기 위해 식물들을 채집하게 되면 곧바로 그 모든 감미로운 매력은 사라지고 만다. 그러면 우리는 식물을 정념의 도구로만 여기게 되며, 식물에 대한 연구에서 어떤 참된 즐거움도 찾지 못하게 되는 것이다. 또한 더 이상 알고 싶어 하지 않으면서 이미 알고 있는 것을 보여 주는 데에만 온 힘을 쏟는다. 이런 식이면 숲속에 있으면서도 세속의 무대 위에 있는 것과 마찬가지여서, 사람들의 찬사를 받는 일에만 마음을 쓰게 된다. 또는 기껏해야 표본실과 정원의 식물학 수준에 머물러, 자연 속에서 식물을 관찰할 생각은 안 하고 체계와 방법 따위에 신경을 곤두세운다. 하지만 그런 것은 아무리 논쟁해도 결론이 안 나는 문젯거리에 지나지 않아, 식물의 종류 하나라도 더 알게 해 주지 않고 자연사와 식물계의 그 어떤 사실도 제대로 따져 밝혀 주지 못한다. 식물학 저자들은 거기에서 명성을 놓고 서로 경쟁을 벌이게 되는데, 다른 분야의 학자들만큼 혹은 그보다 더 심하게 증오와 질투가 생겨나게 된다. 그들은 이 사랑스러운 연구를 왜곡하고 조작해 도시와 과학 아카데미 한복판으로 옮겨 놓는다. 그곳에서 이 연구는 호사가의 정원에 이식된 이국땅의 식물과 마찬가지로 시들시들 말라 간다.

나는 이와는 전혀 다른 마음가짐으로 식물학 연구에 임했다. 그 덕분에 학문적 열정을 갖게 되었고, 메마르고 쪼그라들었던 내 모든 열정도 되살아났다. 나는 될 수 있는 한, 사람들의 기억과 악인들의 공격에서 벗어나기 위해 바위와 산을 오르고 작은 골짜기나 숲을 헤치며 걷는다. 숲속 나무 그늘 아래 있으면 마치 내 주변에 있던 적들이 마침내 사라지고, 사람들에게 잊혀서 자유롭고 평화로운 상태에 놓인 듯한 느낌을 받는다. 혹은 나뭇가지들이 그들을 내 기억에서 내쫓아 그들의 공격으로부터 나를 보호해 주는 것 같이 느껴지기도 한다. 그러다가 어리석은 상상에 빠져든다. 내가 그들을 생각하지 않으면 그들도 나를 생각하지 않을 것 같은. 그런 환상은 나에게 큰 위안이 되기에, 만일 내 초라한 처지에 필요했다면 나는 거기에 완전히 빠져 버렸을 것이다. 내가 겪고 있는 고독이 깊어지면 깊어질수록 다른 무언가가 그 고독의 허무를 채워야 한다. 나의 상상력이 거부하거나 나의 기억이 몰아내는 것들에 대해서는 아직 아무도 밟지 않은 대지가, 여기저기 내 눈앞에 펼쳐 놓는 자연의 산물이 대신한다. 인적 없는 외진 곳으로 가서 새로운 식물을 찾는 기쁨에는 나를 박해하는 자들로부터 벗어나는 기쁨이 숨겨져 있다. 사람의 흔적이 전혀 없는 곳에 이르면, 나는 그들의 증오가 더 이상 닿지 않는 은신처에 도착한 듯 안도의 숨을 맘껏 내쉰다.

나는 일찍이 클레르 재판관 소유의 방목장인 라 로바일라 근처에서 식물 채집을 한 적이 있다. 그건 평생을 두고 잊을 수 없는 기억이 되었다. 그날 나는 혼자서 굴곡진 길을 따라 산 깊숙이 들어가 이 숲과 저 숲, 이 바위 저 바위를 돌아다니다가, 태어나서 한 번도 본 적이 없을 정도로 야생인 광경 속에, 은밀히 숨겨진 은거지에 이르렀다. 그곳에는 거대한 너도밤나무들과 검은 전나무들이 뒤엉켜 있었고, 그중 몇 그루는 말라 죽어 쓰러져 서로 포개져 있었는데, 타고 넘어가기 어려울 정도로 울타리를 이루어 출입을 막고 있었다. 그 거무칙칙한 울타리 조그만 틈 저편으로는 배를 깔고 엎드려야 겨우 내려다볼 엄두가 날 정도의 깎아지른 듯한 바위와 무시무시한 낭떠러지가 있을 뿐이었다. 수리부엉이, 올빼미, 흰꼬리수리 울음소리가 간간이 들려왔고, 희귀하지만 낯익은 작은 새들이 적막한 그곳에서의 두려움을 줄여주고 있었다. 나는 거기서 일곱 장의 이파리를 가진 십자화, 시클라멘, 니두스 아비스, 커다란 라세르피티움, 그리고 몇몇 다른 식물을 발견했다. 그것들은 내 마음을 한참 동안 사로잡아 기쁘게

해 주었지만, 나중에는 나도 모르게 여러 식물의 강렬한 인상에 압도당해 식물학이나 식물 관찰도 잊어버리고 석송과 이끼를 베개 삼아 누워서, 세상 누구도 알 수 없는 은신처에 와 있으니 박해자들도 감히 나를 찾아내지 못하리라 생각하며 마음껏 몽상을 즐겼다.

그렇게 몽상에 잠겨 있자니 이내 교만한 마음이 일어났다. 나는 스스로 무인도를 발견한 대여행가들과 비교하면서, 이곳까지 들어온 사람은 아마 내가 처음일 것이라고 중얼거리며 흐뭇해했다. 심지어 스스로를 제2의 콜럼버스처럼 여기기도 했다. 그런 생각에 우쭐대고 있는데, 그리 멀지 않은 곳에서 어디선가 귀에 익은 덜커덩 소리가 들려왔다. 그 소리는 되풀이되더니 점점 더 강해졌다. 나는 깜짝 놀랐지만, 곧 호기심도 생겨 자리에서 일어나 소리가 나는 쪽으로 가시덤불을 헤치고 스무 발짝쯤 앞으로 나아갔다. 그러자 내가 발을 내디딘 최초의 인간이라고 생각했던 그곳에서 얼마 안 되는 아래편 골짜기에 양말공장이 보였다.

공장을 발견했을 때 내가 느낀 당황과 혼란은 어떻게 표현해야 할지 모를 정도다. 맨 처음 떠오른 감정은 완전히 나 혼자 있다고 생각했던 곳도 실은 사람들 속에 있음을 안 기쁨이었다. 하지만 그 감정은 번개보다 더 빨리 지나가 버렸고, 곧 그것보다 더 지속적인 고통의 감정이 뒤를 이었다. 알프스의 깊은 동굴 속으로 몸을 숨겨도 나를 괴롭히려는 사람들의 잔인한 손아귀에서 벗어나지 못할 것이라는 생각이 나를 엄습했다. 몽몰랭 목사[38]가 주동이 돼 꾸민 ─ 물론 사람들이 그 음모를 꾸민 것은 꽤 오래되었다 ─ 음모에 가담하지 않은 사람은 그 공장에서 두 명도 채 안 될 것이라는 확신이 내 마음속에서 커져 갔기 때문이다. 나는 그런 서글픈 생각을 서둘러 떨쳐 버리고, 내 유치한 자만심과 가소로운 행동이 모진 벌을 받았다고 여기며 속웃음을 웃었다.

그러나 정말이지, 누가 그런 낭떠러지에서 공장을 발견하리라 예상했겠는가? 야생의 자연과 인간의 산업이 그렇게 말도 안 되게 섞여 있는 나라는 이 세상에서 오직 스위스뿐이다. 스위스 전체는 하나의 큰 도시나 다름이 없어서, 파리의 생탕투안 거리보다 넓고 긴 거리들이 숲이나 산으로 군데군데 막혀 있고, 여기저기 흩어져 있는 외딴집들 사이로는 영국식 정원들이 들어서 있다. 스위스 이야기를 하다 보니 또 다른 식물 채집 일화가 생각난다. 벌써 몇 달 전인가 뒤 페루, 데셰르니, 퓌리 대령, 클레르 재판관과 함께 산꼭대기에서 일곱 개의 호수가 내려다보이는 샤스롱 산에 식물 채집을 갔을 때의 일이다. 우리는 도중에 그 산에는 집

38 　몽몰랭(Frédéric-Guillaume de Montmollin, 1709~1783)은 목사로서 루소를 돌봄으로써 명성을 얻고 또 그를 설득해 정통 신앙으로 복귀시키려고도 했지만, 나중에는 루소의 반대편에 선다. 그의 설교는 루소가 모티에에서 돌팔매 공격을 받은 사건(1765년)의 직접적인 원인이 되었다.

이 한 채밖에 없다는 말을 들었다. 그 집에 사는 사람이 출판업자이며 심지어 사업도 번창하고 있다는 말을 함께 듣지 않았다면 우리는 그의 직업을 짐작조차 못했을 것이다. 어찌 보면 스위스에 대해서는 여행자들의 기행문보다 이런 사실 하나가 더 잘 말해 줄지도 모른다.

　이와 비슷하거나 거의 같은 성격을 띤 이야기도 하나 있다. 그르노블[39]에 체류하는 동안 나는 그 지역의 변호사인 보비에 씨와 함께 종종 교외로 나가 식물 채집을 하곤 했다. 그는 식물학에 대해 아무런 관심도 없고 아는 것도 없었지만, 내 호위병을 자처하여 가능한 한 내 곁을 한시도 떠나지 않고 지키겠다고 공언한 바 있다. 어느 날 우리는 이제르강을 따라 산자나무가 우거져 있는 곳을 산책하고 있었다. 나는 그 작은 나무에 빨간 열매가 탐스럽게 매달린 것을 보고는 맛보고 싶은 생각이 들었다. 맛을 보니 약간 셨지만 무척 기분 좋은 맛이어서 갈증도 풀 겸 열매를 먹기 시작했다. 보비에 씨는 나를 따라 열매를 먹지도 않고 아무런 말 없이 내 곁에 그냥 서 있기만 했다. 그런데 우연히 그의 친구하나가 그곳을 지나가다가 열매를 먹고 있는 나를 보더니 이렇게 말했다. "아니, 선생님. 뭐 하시는 겁니까? 그 열매에 독이 있다는

───

39　루소는 1768년 7월 11일부터 8월 12일까지 프랑스 남동부 도피네 지방의 주요 도시인 그르노블(Grenoble)에 머문다. 이후 부르구앵(Bourgoin)으로 이동하여 근처 몽캥에 있는 외딴 농가에 정착해 《고백》 7권부터 11권을 쓴다.

걸 모르십니까?"

"이 열매에 독이 있다고요?" 나는 깜짝 놀라 소리를 질렀다. "그렇습니다. 이 고장 사람들은 다 알고 있어서 아무도 먹지 않는답니다" 하고 그가 대답했다. 나는 보비에 씨를 바라보며 말했다. "그런데 왜 저에게 알려 주지 않으셨습니까?" "아, 선생님. 제가 어찌 그런 무례한 말을 할 수 있었겠습니까." 그가 정중한 어조로 답변을 했다. 나는 그 도피네 사람의 공손한 태도에 웃음을 터뜨려 버렸다. 어쨌건 그 간식은 그만 먹기로 했다. 지금이나 그때나, 나는 기분 좋게 입에 넣을 수 있는 자연의 모든 산물은 그게 뭐든 간에 과식하지 않는다면 몸에 해로울 수 없다고 확신하고 있었다. 그렇지만 그날 내내 무슨 탈이라도 나지 않을까 걱정이 되었던 것은 사실이다. 하지만 약간 불안을 느꼈을 뿐 저녁도 제대로 잘 먹었고 잠도 더 잘 잤으며, 아침에는 아주 기분 좋게 눈을 떴다. 이튿날 그르노블에서 사람들이 나에게 알려 준 바에 따르면 아주 적은 양만 먹어도 기능 장애를 일으킨다는 그 살벌한 산자나무 열매를 그 전날 열다섯 혹은 스무 알이나 삼켰는데도 말이다. 나에게 이 뜻밖의 사건은 매우 유쾌한 기억으로 남아 지금도 그때 그 일을 생각하면 변호사 보비에 씨의 엉뚱한 신중함에 웃음이 절로 나온다.

식물학 공부를 위해 내가 했던 산책들, 내 마음에 감동을 불러일으킨 대상들이 있던 장소의 다양한 느낌들, 그 장소가 내게 연상케 한 생각들, 거기에 얽혀 있는 이런저런 사건들, 그 모든 것들이 그곳에서 내가 채집한 식물들을 볼 때마다 내 안에서 다시 살아나는 듯했다. 나에게 가슴 저린 감동을 안겨 주었던 그 아름다운 풍경, 그 숲, 그 호수, 그 작은 숲, 그 바위, 그 산을 이제는 다시 못 볼 것이다. 하지만 더 이상 그 행복한 고장에 갈 수 없게 된 지금, 나는 내 식물 표본첩을 펼쳐 보기만 하면 된다. 그러면 그것은 눈 깜짝할 사이에 나를 그곳까지 데려다준다. 내가 그곳에서 수집한 작은 식물 조각들은 그 훌륭한 광경을 온전하게 떠올리게 한다. 그 식물 표본첩은 나에게는 식물 채집 일지와 같아서, 나에게 다시 새로운 마음으로 식물 채집을 나서게 하며 그 현장을 다시 내 눈앞에 생생하게 묘사해 준다.

내가 식물학에 매료된 것은 연속적으로 이어지는 부차적인 생각들의 매력 때문이다. 식물학은 나의 상상력을 한층 더 기분 좋게 만드는 별별 생각들을 한군데로 모아 흔들어 깨운다. 초원, 호수, 숲, 고독, 특히 평화, 그리고 그 모든 것들 속에 깃들어 있는 휴식은 식물학을 통해 끊임없이 내 기억 속에서 되살아난다. 식물학은 사람들의 박해와 증오, 경멸과 모욕 등 내가 그들에게 보여 준 다정하고 진실한 애정에 대한 대가로 받은 온갖 악행을 모두 잊게 한다. 식물학은 오래전 내가 함께 어울려 지냈던 사람들처럼 순박하고 인정 많은 이들이 모여 사는 조용하고 평안한 곳으로 나를 데려다준다. 내 젊은 날과 순수한 기쁨을 떠올리게 하고 다시 그것들을 향유하게 하며, 이 세상 어떤 인간도 겪은 적 없는 비참한 운명에 처한 나를 여전히 자주 행복하게 한다.

(1777년 6월 28일 이후)

여덟 번째 산책

루소의 마지막 순간을 묘사한 그림. 빛을 향해 팔을 뻗고 있는
루소의 모습은 이상과 행복을 향한 그의 열망을 표현한다.

나는 지금껏 살아오면서 별별 일을 다 겪었다. 험난했던 그 시절의 내 영혼은 어땠는지 곰곰 되짚어 보면서, 나는 다사다난 했던 내 운명과 그로 인해 내가 느낀 행복과 불행 같은 일상 속 감정 사이에 아무런 상관도 없다는 사실에 깜짝 놀랐다. 짧게나 마 행운을 누렸던 적도 몇 차례 있었지만, 그렇다고 가슴에 영원히 남을 즐거운 추억 같은 건 없다. 반면에 어렵고 힘든 상황에 처해 있을 때에는 부드럽고 따스하며 정겹고 감미로운 감정으로 내 마음이 충만해지는 것을 느꼈다. 그리고 이 감정은 상처받은 마음에 잘 듣는 진통제와 같아서 고통을 쾌감으로 바꿔 놓는 듯 했다. 그 감정에 대한 기분 좋은 기억은, 내가 같은 시기에 맛본 불행한 기억을 거리낌 없이 내던져 버리고 홀로 내게 되돌아온 다. 말하자면 내 운명 탓에 굳게 닫혔던 내 감정이 외부로 발산될 때, 사람들이 높이 평가하는 모든 대상, 즉 그 자체로는 가치가 거 의 없지만 소위 행복한 자들이 유일하게 관심을 가지는 그 대상 을 향하지 않을 때 오히려 나는 존재의 감미로움을 더한층 느꼈 고 삶을 더욱 참되게 살았던 듯싶다.

내 주위의 모든 것이 정상적으로 진행되고, 내가 나를 둘러싸고 있는 모든 것과 내가 살아가야 할 사회에 만족을 느꼈을 때, 나는 그 사회를 깊은 애정으로 대했다. 외향적인 내 영혼은 관심의 대상을 점점 더 넓혀 갔고, 나는 온갖 새로운 취향과 나를 매혹하는 많은 것들에 이끌려 너무 멀리 나를 벗어났고 얼마간은 나 자신도 잊어버렸다. 나와 무관한 것에 탐닉했고, 마음의 갈피를 잡지 못하고 갈팡질팡하면서 인간사의 수많은 곡절을 겪었다. 그런 파란 많은 삶에서 나는 마음의 평화도 육체의 휴식도 누리지 못했다. 나는 겉으로 행복해 보였지만, 성찰의 시련을 감당하고 자신을 기꺼이 받아들일 준비를 하지 못했다.

나는 타인에 대해서도, 자신에 대해서도 만족하지 못했다. 사교계의 소란스러움은 나를 얼빠지게 하고, 고독은 나를 따분하게 했다. 나는 끊임없이 거처를 옮겨야 했지만 그 어느 곳에서도 마음 편히 지내지 못했다. 그렇지만 나는 어디를 가든 축하와 환대와 환영과 사랑을 받았다. 나에게 적의나 악의를 품거나 시샘을 보인 사람도 없었다. 사람들은 나에게 과분한 친절을 베풀었고, 나도 종종 많은 사람에게 기꺼이 친절을 베풀었다. 나에게는 재산도 직업도 후원자도 없고 충분히 연마해 유감없이 발휘될 수 있는 재능도 없었지만, 나는 그에 따르는 온갖 혜택을 누렸으며, 하물며 어떤 신분의 사람도 나보다 더 나은 운명을 가지지 못할 것이라고 여겼다. 행복해지기 위해서는 도대체 무엇이 또 필요했던 것일까? 나도 잘 모르겠다. 나는 다만 내가 행복하지 않았다는 것을 알고 있다.

그러면 세상에서 가장 불운한 사람이 되기 위해 나에게 무엇이 더 필요할까? 사람들이 나를 불운 속에 허덕이게 만들기 위해 있는 힘을 다 쏟았기 때문에, 이제 그들의 수중에 남은 것은 아무것도 없다. 그러나 비록 이런 불쌍한 처지일망정, 나는 그들 중 가장 행운아와 내 존재나 운명을 바꿀 생각이 없다. 온갖 행운을 다누리고 있는 자들 중 한 명이 될 바에야 비참한 처지일지라도 나자신으로 사는 것이 낫다. 외톨이가 되다 보니 내가 가진 자양분으로만 능력과 품성을 갖추어야 한다는 게 문제긴 하지만, 그래도 그것이 고갈되지는 않는다. 빈 뱃속에 되새김질만 하는 셈이라 해도, 말하자면 말라 버린 상상력과 생기 잃은 사고력이 내 마음에 더 이상 아무런 양식을 공급하지 못한다 해도, 나는 나 자신으로 충분하다. 하지만 내 영혼은 늙어 가는 육체로 인해 가리어지고 가로막혀 나날이 쇠약해 가고, 그 무거운 덩어리의 무게에 짓눌려 예전처럼 낡은 외피를 벗어 던지고 밖으로 뛰쳐나갈 기력을 잃었다.

역경은 우리에게 지난날을 돌이켜 보게 한다. 어쩌면 바로 그때문에 대부분의 사람들이 역경을 견딜 수 없는 형벌로 생각하는지 모른다. 나는 몇 가지 잘못 이외에는 스스로 뉘우칠 만한 일이 없으므로 잘못을 범한 내 나약함을 꾸짖으며 마음을 달랜다. 계획적인 악행 따위는 내 마음이 접근조차 불허하고 있기 때문이다.

그런데 바보가 아닌 이상 사람들이 합작해서 만들어 놓은 그 끔찍한 상황을 어떻게 모를 수가 있겠는가? 단 한 순간이라도 내 상황을 지켜봤다면 비통과 절망으로 내가 죽을 지경이 된 것을 알았을 것이다. 하지만 나는 의연하게 시련에 맞섰다. 누구보다 감수성이 예민한 나이지만, 내가 처한 상황을 똑바로 바라보면서 마음의 동요를 느끼지 않으려고 애썼다. 다른 사람 같으면 공포에 질려 옴짝달싹 못할 상태일 터인데, 나는 나 자신을 위해 싸우려 하거나 딱히 노력을 기울이지 않고 거의 무관심하게 나 자신을 바라만 본다.

어떻게 나는 이런 경지에 이르렀는가? 암암리에 추진되어 나도 눈치를 채지 못했던 음모에 대해 내가 처음으로 의구심이 들었을 때는 마음이 이렇게 평온하지 않았다. 이 사실을 처음 접하고 나는 극심한 혼란을 겪었다. 비열과 배신이 갑자기 나를 덮쳐 온 것이다. 정직하게 살아온 사람들 중에 어느 누가 그런 형벌에 대비하고 있었겠는가? 그걸 예견할 정도라면 그런 형벌을 받아 마땅한 자여야 할 것이다. 나는 사람들이 파 놓고 기다린 함정에 빠졌고, 분개와 분노와 흥분에 사로잡혀 어쩔 줄 몰라 했으며, 머릿속은 극도로 혼란해졌다. 사람들이 나를 처박아 못 나오게 밀어 놓은 끔찍한 암흑 속에서는 나를 이끌어 줄 불빛도, 나를 절망에서 빠져나오게 해 줄 그 어떤 받침대도 발판도 찾을 수 없었다.

이런 소름 끼치는 상태에서 어떻게 행복하고 평온하게 살 수 있단 말인가? 나는 여전히 그런 상태에 있고, 아니 그 어느 때보다 더 나쁜 상태에 놓여 있지만, 거기서 평정과 평화를 발견하고 행복하고 평온하게 살고 있다. 나는 꽃과 수술과 어린애나 할 법한 일에 몰두해 평화롭게 지내느라 내 박해자들에 대해서는 전혀 신경도 못 쓰고 있는데, 그들은 자기들끼리 골칫거리를 주고받고 싸우고 있으니 우스꽝스럽지 않을 수 없었다.

　　이런 변화는 어떻게 생긴 것일까? 자연스럽게, 알지 못하는 사이에, 별로 힘을 들이지도 않았는데 생겨난 것이다. 처음 습격을 당했을 때는 그야말로 섬뜩했다. 나는 내가 남에게 사랑과 존경을 받을 만하다고 느꼈고, 또 그럴 만한 이유도 충분히 있다고 여기고 있었는데, 어느 날 갑자기 세상에서 유례를 찾기 힘든 소름 끼치는 괴물로 내가 둔갑해 있는 것이었다. 나는 우리 세대의 모든 사람들이 아무런 해명도 요구하지 않고 의문도 품지 않고 부끄러움도 없이 그 기괴한 여론에 빠져드는 것을 목격했다. 나로서는 이 기괴한 급변의 원인이 무엇인지 여전히 오리무중이다. 나는 거세게 대항도 해 보았지만 일은 좀처럼 풀리지 않고 점점 꼬여 갈 뿐이었다. 나는 나의 박해자들에게 솔직한 답변을 요구했지만 그들은 들은 척도 하지 않았다. 나는 꽤 오랫동안 걱정과 고민으로 괴로워했지만 결국 헛수고로 끝났고, 그제야 비로소 숨을 돌릴 수 있었다.

그럼에도 불구하고 나는 희망의 끈을 놓지 않았고, 세상 사람 모두가 그런 어리석은 맹목과 터무니없는 편견에 사로잡힐 리 없을 것이라고 내심 바랐다. 그런 광란에 동조하지 않는 양식 있는 사람들도 있을 것이고, 간교와 배신을 싫어하는 정의로운 사람들도 틀림없이 있을 것이기 때문이었다. 찾아보면 아마도 그에 걸맞은 인물 한 명쯤은 발견할 수 있을 것이고, 그러면 그들은 아연실색할 것이란 기대를 나는 품었다. 그래서 나는 그런 사람을 열심히 찾아다녔지만 모두 허사였다. 나를 박해하는 자들의 동맹은 광범위하고 영구적인 인맥을 골고루 갖추고 있었다. 나는 그 동맹의 비밀을 제대로 밝혀내지 못하고 지금처럼 고약하게 추방당한 채 생을 마감하게 될 것이 분명한 것 같다.

그런 개탄스러운 상태에서 오래도록 불안과 초조함에 조바심을 친 끝에 마침내 나는 늘 내 몫이라고 여겼던 절망 대신에 고요와 평온과 평화, 행복을 되찾았다. 내 하루하루의 삶이 전날을 즐겁게 떠올리고, 다음 날도 전날과 다름없기를 바랐기 때문이다.

어떻게 이런 큰 변화가 일어났을까? 그 이유는 단 하나이다. 그것은 바로 내가 불평 없이 숙명의 멍에를 짊어지는 법을 배웠기 때문이다. 나는 수많은 것에 특별한 관심을 두고 온갖 노력을 기울였지만 좋은 기회를 번번이 놓쳐 버렸고, 결국 나 자신만 남은 상태에서 마침내 안정을 되찾은 것이다. 나는 사방에서 압박과 핍박을 받으면서도 마음의 균형을 잡고 있는데, 그것은 더 이상 어떤 것에도 얽매이지 않고 오직 나 자신을 믿고 따르기 때문이다.

내가 세상 사람들의 모함과 비방에 격렬하게 투쟁했다면, 그만큼 내가 나도 모르게 그것의 지배를 받았다는 증거일 것이다. 사람이란 자기가 존경하는 사람들로부터 존경받고 싶어 하는 법이다. 그러므로 내가 사람들을, 적어도 몇몇 사람들을 좋게 생각하고 있던 동안에는 그들이 나에 대해 하는 판단을 무시할 수는 없었다. 나는 종종 세상 사람들의 판단이 공정하다고 생각했었다. 하지만 그 공정함 자체도 우연의 결과이고, 사람들이 의견을 내는 기준도 결국은 그들의 정념이나 또는 그 정념의 산물인 편견에서 나온 것일 뿐이며, 그들이 올바른 판단을 내릴 때조차도 때때로 잘못된 원칙을 기반으로 하는 경우가 있다는 것은 몰랐다. 예를 들어 그들이 어떤 사람의 몇몇 업적을 칭찬할 때, 그것은 공정한 판단에서 나오는 행동이 아니라 앞에서는 공정한 척하면서 뒤로는 그 사람을 중상모략하기 위해 하는 행동이라는 것을 말이다.

나는 헛된 탐구에 많은 시간을 허비한 후 그들 모두가 예외 없이 사악한 정신이 아니고서는 고안해 낼 수 없는 편파적이고 어처구니없는 사고방식에 사로잡혀 있다는 것을 알게 되었다. 그리고 나에 관한 일에 대해 모든 사람이 이성을 상실하고 그들의 마음에서 공정함을 몰아내는 것을 보았을 때, 결코 누구에게도 악을 행하거나 행하려고 하거나 악을 악으로 갚은 적도 없는 불행한 사람에게 적의를 품고 있는 지도자들의 맹목적인 분노에 한 세대 전체가 혼미하게 정신이 흔들리는 것을 보았을 때, 오랫동안 헛되이 단 한 사람을 찾아다닌 끝에 마침내 등불[40]을 끄고 "이제 내 편을 들어줄 사람이 아무도 없다"라고 소리쳐야 했을 때, 나는 비로소 그때야 이 세상에서 내가 혼자임을 깨달았다. 그리고 내 동시대인들이란 오직 충동에 따라 기계적으로 움직이는 존재들에 불과하며, 그들의 행동은 관성이나 반작용 등 운동의 법칙으로밖에 측정할 수 없다는 것도 알게 되었다. 그들의 영혼 속에 어떤 의도나 정념이 도사리고 있었는지 내 나름대로 속짐작을 해 볼 수는 있었겠지만, 그것들이 나에 대한 그들의 행동을 내가 납득할 만한 설명이 되지는 못했을 것이다. 이렇게 해서 그들의 의향 따위는 나에게 더 이상 중요하지 않은 것이 되어 버렸다. 나에게 있어서 그들은 사람으로서 도의를 저버리고 생각 없이 떼를 지어 몰려다니는 집단일 뿐이었다.

우리에게 온갖 나쁜 일이 일어날 때 우리는 그 결과보다 의도에 더 마음을 쓴다. 지붕에서 떨어진 기왓장은 우리에게 큰 상

---

40 루소는 디오게네스(Diogenes, B.C.412?~B.C.323?)의 유명한 일화를 들어서 자신의 생각을 우회적으로 표현한다. 고대 그리스의 철학자 디오게네스는 암흑과 같은 세상에서 진실하고 정직한 사람을 꼭 찾아내고야 말겠다며 대낮에도 등불을 들고 다녔다고 한다.

처를 입힐 수 있지만, 악의에 찬 사람이 고의로 던진 돌멩이보다는 우리의 마음을 덜 아프게 한다. 때때로 공격은 목표물을 빗나가기도 하지만, 그 의도는 목표물을 정확하게 맞춘다. 운명이 가하는 타격 중에서 우리가 가장 가볍게 여기는 것은 물리적 고통이다. 불운한 사람은 자신의 불행을 누구 탓으로 돌려야 할지 모를 때 운명의 장난이라고 한다. 그들은 운명을 의인화하고 그것에 눈과 지성을 부여한 다음, 그 운명이 자신을 고의로 괴롭히고 있다고 불평한다. 돈을 잃고 잔뜩 열을 받은 노름꾼이 누구에게 화를 내고 있는지조차 알 수 없는 분노를 터뜨리는 것과 같다고나 할까. 노름꾼은 운명이 자기에게 단단히 앙심을 품고 자신을 괴롭히고 있다고 상상한다. 그리고 화풀이할 대상을 찾아냈다면서 자기가 만들어 낸 적을 향해 길길이 날뛰며 불같이 화를 낸다. 현명한 사람은 그처럼 무분별하게 감정을 표출하지 않는다. 그는 자신에게 닥친 모든 불행이 분별없는 숙명의 소행이라 여기고, 고통으로 비명을 지를지언정 흥분하거나 분노하지 않는다. 그는 자신을 집어삼킨 불행이 물리적인 타격만 입혔을 뿐이기에 그가 받는 타격은 그의 몸은 몰라도 마음에까지 상처를 입히지는 못한다.

그 경지까지 도달한 것만 해도 대단한 일이다. 하지만 거기서 멈춰서는 안 된다. 불행은 잘라 냈지만 그 뿌리까지 잘라 내지는 못했기 때문이다. 그 뿌리는 우리와 전혀 관계없는 것들 속에 있는 것이 아니라 우리 자신 안에 있으므로 그것을 완전히 없애 버려서 다시는 그런 일이 생길 수 없게 해야 한다. 나는 본래의 나를 찾고 그것을 가장 먼저 확실히 느꼈다. 나에게 왜 이런 일이 생긴 것인지 온갖 설명을 늘어놓아 이해해 보려고 했지만 내 이성은 모호하고 논리에 맞지 않는 모습만 보여 주었고, 나로서는 그 모든 일을 생기게 한 원인이나 방식이나 수단을 파악할 수도 없고 이해할 수도 없기에, 그것은 더 이상 내게 아무 의미가 없었다.

내 운명의 온갖 세세한 부분들에 그 나름대로 방향과 의도와 도덕적 대의명분이 있었다고 생각해서는 안 된다. 그저 숙명에 의해 그렇게 될 수밖에 없었다고 여겨야 한다. 이치를 따지거나 거역해 봤자 별 소용이 없으니 운명에 그대로 따라야 한다. 내가 이 지상에서 해야 할 일은 나 자신을 확실하게 수동적 존재로 인정하고 받아들이는 것이다. 그러니 운명을 감당한답시고 남은 힘을 쓸데없이 운명을 거역하는 데 써서는 안 된다. 이상이 내 스스로 굳게 다짐한 말이다. 나의 이성과 마음은 일단 그 말에 동의의 뜻을 표했으나, 한편으로 내 마음이 여전히 거기에 불만을 품고 있다는 것을 느꼈다. 그 불만은 어떠한 것에 원인을 두고 있는 것일까? 나는 깊이 생각하고 탐구한 끝에 그것이 사람들의 부당한 처사에도 분개하고 이성에 대해서도 맞서 대드는 이기심[41]에서 비롯된 것임을 알아냈다.

그 사실을 찾아낸다는 것은 생각만큼 쉽지 않은 일이었다. 아무런 잘못 없이 박해를 받은 사람은 일반적으로 보잘것없는 자기 자신에 대한 긍지를 정의에 대한 순수한 사랑으로 착각하며 살아가기 때문이다. 그러나 일단 참된 원인을 알게 되면, 그것을 없애거나 적어도 그 방향을 돌려놓기는 쉬운 일이다. 자존심은 자긍심 강한 영혼이 어떤 행동을 하는 데 가장 근원이 되는 힘이다. 이기심은 착각을 불러일으키는 데 능해 스스로를 자기 존중인 척 위장하거나 그렇게 여겨지도록 한다. 그러나 마침내 속임수가 탄로 나 이기심이 숨을 곳이 사라지게 되면, 그때부터 이기심은 겁낼 필요가 없는 것이 된다. 그렇다고 이기심을 아주 없애 버리기는 어렵겠지만 적어도 그 기세를 억눌러 통제할 수는 있게 된다.

나는 이기심에 젖어 일을 그르친 적은 없었으나, 그 인위적인

41   루소는 이기심(amour-propre)과 자기애(amour de soi)에 대한 설명을《인간 불평등 기원론(Discours sur l'origine et les fondements de l'inégalité parmi les hommes)》의 각주에서 밝혔다. "이기심과 자기애를 혼동해서는 안 된다. 이 두 정념은 그 성질로 보나 효용성으로 보나 크게 다르다. 자기애는 일종의 자연스러운 감정으로, 모든 동물로 하여금 자기 보존에 관심을 갖게 한다. 인간의 경우에는 자기애가 이성에 따라 인도되고 동정심에 따라 변용되면서 인간애와 미덕을 낳는다. 그에 반해 이기심은 사회 안에서 생기는 상대적이고 인위적인 감정에 지나지 않는다. 그것은 각 개인이 자기를 누구보다도 우선시하며 사람들이 서로 간에 행하는 모든 악을 일깨우는 동시에 명예의 진정한 원천이 되기도 한다. 이러한 점을 잘 이해하면 우리의 원시 상태로서의 참된 자연 상태에는 이기심이 없다고 말할 수 있을 것이다. 개인으로서 인간은 누구나 자기 자신을 유일한 관찰자로, 우주에서 그에게 관심을 가진 유일한 자로, 그리고 자기 자신의 가치에 대한 유일한 재판관으로 간주한다. 따라서 자기의 힘이 닿지 않는 비교라는 것에서 나오는 감정이 싹틀 이유가 없는 것이다."

정념은 내가 사교계를 드나들면서부터, 특히 작가가 되고 나서부터 내 마음속에서 점점 단단해졌다. 아마도 다른 사람보다는 이기심이 적었겠지만, 여하튼 이기심이 꽤 있었던 것은 맞다. 나는 사교계에서 끔찍한 교훈을 얻고 나서 곧장 내 이기심의 사용을 제한하였다. 이기심은 처음에는 부당하다며 항의했지만 결국에는 받아들였다. 그리고 영혼 속으로 철수해 자신을 자극하는 외부와의 관계를 끊고 비교와 편애를 중단함으로써, 내 자신이 선한 사람이라는 것에 만족하며 물러났다. 그리하여 이기심은 자기애로 변모해 자연의 질서 속으로 다시 돌아왔으며, 나를 세상 여론의 굴레에서 벗어나게 해 주었다.

그때부터 나는 영혼의 평화와 하늘이 내려 준 것 같은 행복을 다시 찾았다. 사람이 어떤 상황에 놓여 있건 상관없이 끊임없이 불행하다고 느끼는 이유는 오로지 이기심 때문이다. 이기심이 입을 다물고 이성이 입을 열 때, 이성은 우리 힘으로는 피할 수 없는 모든 불행을 달래 준다. 이성은 또 불행이 우리에게 직접 들이닥치지 않는 한 그것을 무효로 해 주기도 한다. 불행을 마음에 두지 않으면 불행이 가하는 모진 타격도 확실히 피할 수 있기 때문이다. 불행은 그것을 생각하지 않는 사람에겐 대단하거나 특별한 것이 못 된다. 자신이 견뎌 내고 있는 불행에 대해 그 원인이나 조건을 따지지 않고 불행 자체만을 생각하고 헤아려 보는 사람이나, 자신에 대한 타인의 평가에서 자유로운 사람에게 모욕과 보복과 불공평과 치욕과 부당함은 아무 의미도 없다. 사람들이 나를 어떤 방식으로 보든 나는 개의치 않는다. 그들의 방식이 내 존재를 바꾸지는 못한다. 그들이 권력을 내두르고 온갖 간계를 꾸며도, 그들이 무슨 짓거리를 해도 나는 변함없이 나로 있을 것이다.

나에 대해 그들이 저지른 소행이 나의 현 상황에 영향을 미치는 것은 사실이다. 그들이 나와 그들 사이에 세워 놓은 장벽은, 늙고 가난에 찌든 나에게서 생계와 구호의 수단을 모두 앗아가 버렸다. 그 장벽은 돈조차도 아무 소용이 없는 것으로 만들었다. 돈은 현재 내가 필요로 하는 것을 제공해 줄 수 없기 때문이다. 그들과 나 사이엔 아무런 교류도, 상호 협조나 서신 교환도 없다. 그들 속에서 완전히 혼자가 된 내가 가진 자원이라고는 나 자신밖에 없다. 그런데 그 자원은 나 같은 나이나 처지에서는 도대체 어디다 쓰겠는가. 노년에 내가 겪은 불행은 큰 불행이지만 그것을 민감하게 받아들이지 않고 견뎌 내리라 마음먹고 난 다음부터는 날 괴롭힐 모든 힘을 잃어버렸다. 뼈저리게 궁핍이 느껴지는 상황은 그리 흔하지 않다. 궁핍해질지 모른다고 예상하고 상상하는 바람에 오히려 궁핍함은 증가하고, 또 그런 감정이 계속되는 바람에 사람들은 더 불안해하고 불행해지는 것이다. 내일 고통받을 것이라는 사실을 오늘 안다고 해서 무슨 소용이 있겠는가.

오늘을 고통받지 않고 평온히 보낼 수 있다면 그것만으로 충분하다. 나는 예상되는 불행 따위에는 신경 쓰지 않는다. 현재 내가 느끼는 불행에 대해서만 마음 아파할 뿐이다. 그러다 보니 그 불행도 지극히 하찮은 것이 되어 버린다. 어쩌면 나는 혼자 병들어 침대에 내버려져서 사람들의 무관심 속에 가난과 추위와 배고픔으로 죽을 수도 있다. 그러나 내가 그것으로 괴로워하지 않는다면, 나 자신도 남들과 마찬가지로 내 운명에 대해 마음 아파하지 않는다면 그 또한 무슨 상관이 있겠는가. 특히나 내 나이쯤 되어 삶과 죽음, 질병과 건강, 부유함과 빈곤함, 명예와 중상모략을 무심하게 바라볼 줄 알게 되었다는 것은 꽤 괜찮은 일이다. 다른 노인들은 온갖 일을 걱정하지만 나는 그 어떤 것도 걱정하지 않는다. 나에게 무슨 일이 일어나든, 나에겐 아무 의미가 없다. 이런 무심함은 내 지혜가 만들어 낸 것이 아니라 내 적들이 만들어 준 것이다. 그러니 그들이 나에게 저지른 악행에 대한 이로운 보상이라 여기고 그것을 배우도록 하자. 그들은 나를 역경에 무관심하게 만듦으로써, 나에 대한 공격을 멈추었을 때보다 훨씬 더 이로운 일을 나에게 한 셈이다. 만일 내가 그런 역경을 겪지 않았더라면 나는 늘 역경을 두려워하고 있었을 텐데, 이제는 그것을 다스릴 줄 알기에 더 이상 두려워하지 않게 되었다.

이런 마음가짐은 삶의 난관에 봉착해 있는 나를 마치 가장 큰 번영을 누리고 있는 사람처럼 거의 완벽하게 무심의 경지로 들어서게 한다. 눈앞에 과거의 대상들이 어른거려 가장 고통스러운 불안을 돌이키게 되는 극히 짧은 순간을 제외하고 말이다. 나머지 시간 동안에 내 마음은 온화하고 정겨운 애정들을 쫓아다닌다. 태어날 때부터 지니고 있던 감정들에서 양분을 섭취하면서 그런 기분을 불러일으키는 상상의 존재들과 마치 현실 속에서 그러하듯 함께 노닌다. 그 상상의 존재들은 자신들의 창조자인 나를 위해 존재하는 것이므로 나를 배신하거나 나를 버릴 염려가 없다. 그것들은 내 불행이 끊이지 않고 이어지는 한 존재할 것이며, 내 불행을 내 마음속에서 거뜬히 몰아내 줄 것이다.

나는 마치 내가 그런 삶을 위해 태어난 양, 행복하고 감미로운 삶을 온전히 누린다. 나는 기분 좋게 내 정신과 감각을 내맡기고 유익하고 유쾌한 일에 몰두하거나, 내 마음이 자유롭게 만들어 낸 엉뚱한 산물들과 함께 교류하며 내 감정을 살찌우거나, 또는 오직 나 자신과 함께 스스로에게 만족하면서 내가 마땅히 누려야 한다고 느끼는 행복으로 나를 가득 채운 채 하루의 4분의 3을 보낸다. 이 모든 것에 영향을 미치는 것은 오로지 자애심뿐으로, 여기에 이기심 따위는 끼어들 틈이 전혀 없다.

하지만 사람들 속에서 그들의 음험한 호의나 터무니없이 과장된 찬사나 간교하고 짓궂은 언행의 놀림감이 되어 하루를 울적하게 보내는 그 순간에는 전혀 그렇지 못하다. 그때는 내가 어떤 식으로 행동을 하든지 간에 이기심이 작용한다. 그들의 상스러운 거죽 안쪽에 자리 잡고 있는 증오와 악감정은 내 마음을 고통스럽게 한다. 그리고 내가 그토록 어리석게 잘 속아 넘어가는 사람으로 취급당했다는 생각에 미치면, 고통스러움을 넘어 유치한 분노까지 치민다. 그런 감정은 어리석은 이기심 때문에 만들어진 것으로, 나는 그 사실을 백번 알고 있으면서도 제압할 수가 없다. 모욕적이고 조롱 섞인 시선을 견뎌 내기 위해 내가 기울인 노력은 눈물겨울 정도다. 나는 사람들의 잔인한 비웃음과 거짓말에 내 마음을 단련시킬 요량으로 공공 산책길이나 사람들로 북적이는 장소를 수없이 왔다 갔다 했다. 그러나 나는 목적한 바를 이루지 못했을 뿐만 아니라 목적한 방향대로 진행조차 시키지 못했다. 나는 모든 고된 노력에도 불구하고 아무 보람이나 실속도 얻지 못한 채, 이전과 마찬가지로 쉽게 당황하고 상심하고 분개하는 사람이 되고 말았다.

　　나는 모든 일에서 감각의 지배를 받는다. 내 마음은 감각이 주는 영향을 거스르지 못하고, 대상물이 반응을 일어나게 하는 한 감각에 계속 휘둘린다. 그러나 그런 일시적인 감정은 그것을 생겨나게 하는 것이 활동하는 동안에만 지속될 뿐이다. 나에게 증오를 품고 있는 사람이 내 눈앞에 있으면 나는 지나칠 정도로 영향을 받지만, 그가 사라지면 곧 그 영향도 사라진다. 그가 내 눈앞에서 사라지는 순간, 나는 그를 더 이상 생각하지 않는 것이다. 그가 나에 대해 신경을 곤두세우고 있다고 해도 내가 그에게 신경을 쓰지 않으니 아무 상관이 없다. 나는 지금 이 순간 느껴지지 않는 불행에는 개의치 않는다. 내 눈앞에 없는 박해자는 나에겐 존재하지 않는 것과 마찬가지다. 나는 이런 태도가 내 운명을 제멋대로 다루는 자들에게 우월감을 갖게 할 것이라는 걸 안다. 내 운명을 쥐락펴락해 볼 테면 하라고 하지. 그들의 공격을 막으려고 그들에 대해 억지로 생각하느니, 차라리 저항하지 않고 그 고통을 겪는 편이 더 낫다.

나의 감각이 내 마음에 가져오는 이런 작용은 현재의 내 삶을 유일하게 편치 않게 한다. 나는 아무도 만나지 않을 때 내 운명에 대해 구태여 생각하지 않는다. 더 이상 운명을 의식하지도 않고 운명 때문에 괴로워하지도 않으며, 기분을 바꾸려고 힘쓰지 않아도 되고 딱히 방해물도 없으니 행복하고 만족스럽다. 그러나 감각으로만 느낄 수 있는 공격까지 피하기는 어려운 법이라, 생각지도 못한 상황에서 기분 나쁜 시선과 마주치거나 가시 돋친 말을 듣거나 악의를 품은 사람을 만나게 되면 그것만으로 나는 어쩔 줄 몰라 한다. 그런 경우 내가 할 수 있는 일이라고는 그 즉시 빨리 잊어버리거나 몸을 숨기는 일뿐이다. 내 마음의 동요는 그것을 끌어 일으킨 대상이 사라지면 함께 사라지므로, 나는 혼자가 되자마자 곧 평정심을 되찾는다. 그래도 여전히 나를 불안하게 하는 것이 있다면, 그것은 길을 가다가 이제껏 본 적 없는 새로운 고통의 원인과 느닷없이 마주치지나 않을까 하는 두려움이다. 그것이 지금 나의 유일한 고민이지만, 그것만으로 내 행복은 충분히 깨질 수 있다.

나는 파리 한복판에 살고 있다.[42] 나는 집 밖으로 나오는 즉시, 시골 풍경과 고독을 간절히 바란다. 그러나 그것을 마음껏 누리려면 먼 곳까지 가야 하기 때문에, 도중에 가슴을 갑갑하게 하는 많은 일들과 부닥뜨려야 한다. 그렇게 반나절을 번민에 시달린 후에야 비로소 내가 찾는 은신처에 다다르게 된다. 그래도 사람들이 내가 무사히 목적지까지 도착하게 내버려두어 다행이다. 심술궂은 사람들의 무리에서 벗어나는 순간의 기분은 이루 말할 수 없다. 그리고 나무 밑이나 푸른 들판 한복판에서 휴식을 취하고 있노라면, 마치 내가 지상 낙원에 있는 것만 같고, 이 세상에서 가장 행복한 사람처럼 마음속의 생생한 기쁨을 맛본다.

내가 짧게 누렸던 번영기에는 오늘날 이토록 감미롭게 느껴지는 고독한 산책을 지루하고 갑갑한 것으로 여겼던 것을 나는 또렷이 기억한다. 시골 아는 사람 집에 머물 때, 나는 운동을 하거나 상쾌한 공기를 마시고 싶어 종종 혼자 밖으로 나갔다. 나는 도둑처럼 슬며시 집을 빠져나와 작은 공원이나 들판을 산책하곤 했다. 하지만 그 산책에서 오늘날 내가 맛보는 마음의 행복한 평정을 얻기는커녕, 접견실(salon)에서 나를 온통 사로잡은 허황된 생

---

42   〈여덟 번째 산책〉을 쓸 당시인 1778년 2월, 루소는 파리의 서민 거주 지역인 플라트리에르 거리(현재의 장 자크 루소 거리 52번지)에 살고 있었다.

각들로 인한 흥분을 그곳까지 짊어지고 가 시달리고 있었다. 접견실 모임에 참석했던 사람들에 대한 기억이 혼자 산책 중인 나를 놓아주지 않았던 것이었다. 헛된 이기심과 소란스러운 사교계 때문에 내 눈앞에 있는 작은 숲의 싱그러움은 볼품없어졌고, 은신처의 평화는 깨어졌다. 숲속 깊은 곳으로 몸을 피해 보아도 소용이 없었다. 성가신 군중이 어디든 나를 쫓아와 자연마저 덮어 버렸다. 사회에 관계된 정념과 그에 따르는 유감과 불만에서 벗어난 후에야 비로소 나는 자연의 매력을 온전히 다시 발견할 수 있었다.

나는 외부 자극에 무의식적으로 마음이 동요되는 최초의 순간을 스스로 제어하기 어렵다는 것을 깨닫고서, 그런 종류의 모든 노력을 그만두었다. 그때부터 나는 공격을 받더라도 피가 솟구쳐 오르고 분노가 끓어올라 내 감각이 점령되는 것을 내버려둔다. 온갖 노력을 기울여도 그치게 할 수 없고 중도에서 끊을 수도 없는 최초의 폭발을 상관하지 않고 그냥 그대로 두는 것이다. 나는 다만 그 폭발이 어떤 결과를 낳기 전에 다음 폭발이 일어나지 않도록 애쓸 뿐이다. 쌍심지를 돋운 눈, 벌겋게 달아오른 얼굴, 떨리는 팔다리, 터져 나갈 것처럼 고동치는 심장, 이 모든 것은 오로지 육체와 연관되는 현상일 뿐이라 머릿속으로 추론을 시도해 봤자 딱히 이것이라고 건질 것도 없다. 그러나 최초의 폭발을 폭발하도록 그대로 두면, 차츰 이치나 도리를 분별하는 능력이 되돌아와, 이윽고 자기 자신을 다시 통제할 수 있게 된다. 오랫동안 나도 이 방식을 따라 행동하려 했지만 성공하지 못했는데, 다행히 이제는 성공리에 끝났다고 할 만큼 하고 있다. 나는 아무 소용없는 저항에 힘을 돌리지 않고 내 이성이 스스로 작동하도록 내버려둠으로써 승리의 순간을 기다린다. 이성은 내가 자기 말에 귀 기울이고 있다고 생각할 때만 나에게 말을 걸어오기 때문이다. 아니, 그런데 도대체 내가 지금 무슨 말을 하고 있는 거지! 나의 이성이라고? 승리의 영광을 이성에게 돌린다면 나는 중대한 과오를 범하게 될 것이다. 이성은 내가 거둔 승리와 아무 상관이 없기 때문이다.

모든 것은 변덕스러운 기질, 사납고 세찬 바람에 흔들리다가도 그 바람이 멎으면 금방 고요해지는 기질에서 처음 시작된다. 나를 흔들어 놓는 것도 내 격한 천성이요, 나를 잠잠하게 하는 것도 내 태평스러운 천성이다. 나는 눈앞의 모든 충동에 복종하고, 모든 충격에 날카롭고 빠른 반응을 보인다. 충격이 사라지면 마음속 동요도 곧 가라앉고, 나의 내면까지 그 여파가 전해지지도 않는다. 본래 이런 성품을 타고난 사람에게는 운명이 끌어 일으키는 어떤 사건도 인간의 어떤 교활한 간계도 거의 영향을 미치지 못한다.

나에게 고통을 지속적으로 느끼게 하려면 고통의 효과나 작용이 매 순간 새롭게 바뀌어야 한다. 그렇지 않으면 그것이 아무리 짧은 순간이라 할지라도 나는 충분히 나 자신으로 다시 돌아가 평정을 되찾을 수 있다. 사람들이 내 감각에 영향을 주어 지배할 수 있는 동안에는 나는 그들의 뜻대로 움직이는 존재가 된다. 그러나 그 지배력이 잠시라도 느슨해지면 그 순간 나는 자연이 바라는 존재로 되돌아간다. 사람들이 무슨 짓을 하든 한결같은 나의 상태로 돌아가는 것이다. 바로 그 상태에서 나는 운명이 훼방을 놓건 말건 본디 내가 그것을 위해 태어났다고 믿는 행복을 맛보는 것이다. 나는 이 상태를 《고독한 산책자의 몽상》의 한 대목에서 묘사한 바 있다.[43] 그것은 참으로 나에게 꼭 어울리는 상태라서 나는 그 상태가 흐트러짐 없이 오래 계속되기를 바라는 것 외에 달리 바라는 것이 없다. 지금껏 사람들이 나에게 가한 악

---

43 루소는 〈다섯 번째 산책〉에서 다음과 같이 말하고 있다. "그런 상황에서 사람들은 무엇을 즐겁게 누릴까? 자기 밖에 있는 그 무엇은 절대 아니다. 오직 자기 자신과 자신의 존재를 즐겁게 누릴 뿐이다. 그런 상태가 지속되는 한, 사람은 신처럼 자기 자신에게 자족한다. 우리의 감각과 영혼에 영향을 미치는 모든 것에서 벗어난 존재가 느끼는 감정은 그 자체로 만족과 평화의 소중한 감정이며, 쉴 새 없이 우리의 주위를 딴 데로 돌리고 우리의 평온함을 방해하는 세상의 온갖 관능적이고 세속적인 압력을 떨쳐 낼 수 있는 사람이라면, 그런 감정만으로도 충분히 자신의 존재를 소중하고 온유하게 만들 수 있을 것이다. 그러나 끊임없이 정념에 휘둘리는 대부분의 사람들은 그런 상태를 거의 알지 못하며, 알고 있다 하더라도 아주 짧고 불완전하게 맛보았기 때문에, 그 상태에 관해 모호하고 불명료한 생각만 갖게 되어 별 흥미를 못 느낀다. 물론 요즘 같은 세상에 사람들이 그 감미로운 황홀경을 동경한 나머지 세속적 욕망이 부단히 요구하는 활동적 삶을 혐오하게 된다는 건 결코 좋은 일이 아니다. 그러나 인간 사회에서 쫓겨나 이 세상에서는 더 이상 남을 위해서나 자기를 위해서나 유익하고 좋은 일을 할 수 없게 된 불행한 사람이라면, 인간의 모든 행복이 다 들어 있는 그런 상태에서 그 어떤 운명이나 사회도 그에게서 빼앗을 수 없는 보상을 발견할 수 있을 것이다."

행은 아무런 타격을 입히지 못했다. 앞으로 그들이 내게 가해 올지 모르는 악행이 두려울 뿐이다. 하지만 그들이 항구적으로 나를 괴롭히거나 해롭게 할 수 있는 재주는 못 가질 터이니, 나는 그들의 모든 간계를 대수롭지 않게 비웃으며 그들의 반응 따위는 아랑곳없이 나 자신을 즐길 것이다.

(1778년 초)

아홉 번째 산책

루소가 아이들에게 우블리 과자를 나눠주고 있다.
루소는 어린이를 좋아했고 그들과 어울려 노는 것도 좋아했다.

행복이란 대체로 변하지 않고 오래 지속되는 상태로 여겨지므로 인간을 위해 이 세상에 만들어진 것이 아닌 듯하다. 이 세상 모든 것은 끊임없이 변하므로 그 어떤 것도 불변의 형태를 취할 수는 없다. 우리 주위의 모든 것은 변한다. 우리 자신도 변한다. 오늘 사랑하는 것을 내일도 사랑하리라고 아무도 확신할 수 없다. 따라서 이 세상에서 천복을 구하려는 우리의 계획은 모두 쓸데없는 공상에 불과하다. 정신의 만족이 찾아들 때 그것을 마음껏 누리자. 자칫 잘못해서 그것을 피하거나 싫어하지 않도록 주의하자. 그렇다고 정신의 만족을 계속 잡아 두려는 계획 따위는 세우지 말자. 그런 계획은 완전히 미친 짓에 속하기 때문이다.

나는 행복한 사람을 별로 본 적이 없다. 아마 단 한 사람도 못 봤을지도 모른다. 그러나 만족한 마음을 갖고 살아가는 사람은 종종 만났다. 나를 감동시킨 이들 중에서 나에게 가장 큰 만족감을 준 이는 그런 마음을 가진 사람이었다. 나는 그것이 내 속마음에 나의 감각이 힘을 발휘해 생긴 자연스러운 결과라고 생각한다.

겉만 보고 행복을 아는 방법 따위는 없다. 행복을 헤아려 가려내려면 행복한 사람의 마음을 읽어 낼 줄 알아야 한다. 그런데 만족감은 눈에서, 태도에서, 말의 가락에서, 걸음걸이에서 읽히며 그것을 알아보는 사람에게도 옮겨져 퍼지는 듯하다. 축제를 하는 날, 온 마을 사람들이 환희로 들끓는 모습, 그리고 인생의 먹구름 사이로 아주 짧은 동안이지만 강렬하게 기쁨의 햇살이 비치는 광경을 바라보며 모든 사람의 마음이 밝아지는 모습을 보는 것보다 더 흐뭇한 즐거움이 어디 있겠는가.

사흘 전 P씨[44]가 부산스럽게 뛰어와 달랑베르 씨가 쓴 조프랭 부인에 대한 추도사[45]를 보여 주었다. 그는 그 글을 나에게 읽어 주기 전에 거기에는 우습고 엉뚱한 신조어와 장난기 섞인 재담이 잔뜩 있다면서 한바탕을 킬킬대고 웃었다. 그러고는 글을 읽기 시작했는데 연신 웃음을 못 참아 했다. 그러나 내가 정색을 하

---

44 제네바 출신으로 프랑스 리옹과 파리에서 귀족의 가정교사 일을 했던 피에르 프레보(Pierre Prevost, 1751~1839)를 말하는 듯하다. 그는 루소와 1777~1778년에 친교를 나누었다고 한다.

45 프랑스의 수학자·물리학자·철학자인 달랑베르(Jean Le Rond d'Alembert, 1717~1783)가 18세기 중후반 유럽 최고의 예술·문학 살롱(salon)의 여주인으로 명성을 떨쳤던 조프랭 부인(Marie-Thérèse Rodet Geoffrin, 1699~1777)이 사망하자 쓴 추도사를 말한다. 달랑베르의 추도사에는 살아 있는 동안 어린이를 사랑했던 조프랭 부인의 됨됨이가 강조되었는데, 루소는 프레보가 달랑베르의 글을 가지고 자기를 찾아온 것은 어쩌다 그렇게 한 것이 아니라 자식들을 고아원에 보낸 자신을 겨냥해 한 행동이라고 생각했다.

고 귀를 기울이자 그도 잠잠해졌고, 내가 자기를 따라 웃지를 않자 그도 결국에는 웃음을 멈추었다.

달랑베르의 추도사 중 가장 길고 가장 세심하게 쓰인 부분은 조프랭 부인이 아이들의 모습을 바라보거나 아이들과 이야기를 나누면서 느끼는 기쁨에 관한 것이었다. 저자가 이런 성향을 선한 본성의 증거로 내세웠음은 당연한 일이다. 그런데 그는 거기서 멈추지 않고, 그런 방향으로 생각하지 않는 사람은 모두 본성이 나쁘고 심술궂다며 맹렬히 비난했다. 교수대나 차형장(車刑場)으로 끌려가는 사람들에게 자식을 사랑했느냐고 물으면 그들 모두 그렇지 않았다고 말했을 것이라고 단정할 정도였다. 그러한 주장은 그것이 담겨 있는 글의 성격이 성격이니만큼 얄궂다는 느낌을 주었다. 저자가 주장하는 것이 모두 진실이라 하더라도 군이 추도사에서 그런 말을 했어야 할까? 존경할 만한 여인에게 추도의 뜻을 표하는 글을 형벌이나 악인의 이미지로 훼손시킬 필요가 있었을까? 나는 겉치레와 가식으로 가득한 그 글의 목적을 바로 알아차렸다. 그래서 P씨가 추도사를 다 읽고 나자, 나는 그중에서 좋다고 생각되는 대목을 언급한 다음, 저자가 그것을 쓰면서 우정보다 미움을 더 많이 품고 있었던 게 틀림없다고 덧붙였다.

다음 날은 춥지만 날씨가 화창해서 나는 잘 자란 이끼들을 찾아볼 요량으로 에콜 밀리테르(École Militaire)[46]까지 소풍을 나갔다. 가는 길에 나는 전날 P씨가 나를 방문한 일과 달랑베르 씨의 글을 머리에 떠올려 보았다. 그런데 그 글에 삽입된 짤막한 토막 이야기에 어떤 의도가 깔려 있다는 생각이 들었다. 사람들이 나에게 모든 걸 감추려고 하는 마당에 굳이 그 소책자를 나에게 보여 준 목적이 무엇이겠는가. 나는 내 자식들을 고아원에 보냈다. 그것만으로도 나는 충분히 악독한 아비로 와전되었는데, 사람들은 이 생각을 확대하고 과장해서 내가 틀림없이 아이들을 싫어한다는 결론을 끄집어냈다. 나는 이 과정을 머릿속으로 하나하나 따져 보면서, 인간이 얼마나 교묘한 술책으로 흰색 사물을 검은색 사물로 만드는지 놀라움을 금할 수 없었다. 어린아이들이 모여서 재미나게 노는 모습을 보는 것을 나보다 더 좋아하는 사람은 없을 것이라고 생각했기 때문이다. 나는 종종 거리나 산책로에서 발걸음을 멈추고 장난꾸러기들이 귀엽게 노는 모습에 넋을 빼고 바라보는데, 나처럼 그런 것에 마음이 끌려 주의를 기울이는 사람을 이제껏 한 번도 본 적이 없다. P씨가 나를 만나러 왔던 그날만 해도, 그가 오기 한 시간 전에 나는 집주인 수소아 씨의 가장 어린 자녀 둘의 방문을 받아 이야기를 나누고 있었다. 그

---

46 프랑스 군사 학교로 1750년 루이 15세가 세운 유서 깊은 군사 훈련 기관이다. 원래 예배당으로 지어진 건물이었으나 후에 군사 학교로 용도가 바뀌었다. 부지 안에 다양한 군사 훈련 시설을 갖추고 있다. 파리 7구에 있으며 샹드마르스 광장과 붙어 있다.

들 중 큰아이는 일곱 살 남짓했다. 아이들은 진심으로 나를 포옹해 주었고, 나도 다정하게 그들을 쓰다듬어 주었다. 나이 차이가 많은데도 불구하고 아이들은 나와 함께 있는 것이 정말로 기쁜 것 같았다. 한편으로 나도 아이들이 늙은 내 모습을 보고 질색하지 않는 것에 한없이 기뻤다. 작은아이도 기꺼이 나한테 다가오고 싶어 해서, 그들보다 더 어린아이 같은 나는 그것만으로도 그 아이에게 특별한 애착을 느꼈다. 그래서 그 아이가 집으로 돌아가고 나자 마치 내 아이를 떠나보낸 것처럼 마음이 허전했다.

나는 내가 아이들을 고아원에 보냈다는 비난이 약간의 거짓이나 상상이 더 보태져 내가 악독한 아비라거나 아이들을 아주 싫어한다는 비난으로 변질되었다는 사실을 잘 알고 있다. 하지만 내가 그렇게 한 이유는, 다른 방법을 택할 경우 아이들의 운명이 천배나 더 나빠질 것이 거의 틀림없으리라는 두려움 때문이었음은 분명하다. 내가 아이들의 앞날과 생계 문제에 대해 좀 더 무관심했다면 어떻게 되었을까. 아마 내 힘으로 키울 수 없었을 테니 결국 아이들을 엉망으로 키울 엄마의 손이나, 괴물로 만들어 놓을 외가의 손에 아이들을 맡겼을 것이다. 그 생각만 해도 온몸이 오싹하다. 마호메트가 세이드(Seïde)[47]에게 가했던 일 따위는 사

---

47 1741년에 초연된 볼테르(François-Marie Arouet Voltaire, 1694~1778)의 비극 〈마호메트(Mahomet)〉의 작중 인물. 이슬람교의 창시자를 사기꾼으로 묘사한 이 작품은 첫 공연이 성공한 뒤, 상연 금지 처분을 받았다.

람들이 내 아이들을 무엇으로 길러 내었을 것인가에 비한다면 아무것도 아니다. 사람들이 훗날 이 일을 빌미잡아 나에게 파 놓은 함정들을 생각해 보면, 오래전부터 그런 계획이 세워져 있었다는 것은 확실시된다. 사실 당시 나는 그런 잔인한 음모를 알아차릴 방법이 없었다. 그러나 나는 아이들에게 가장 덜 위험한 교육이 고아원 교육이라는 사실을 알았기에 그곳에 아이들을 위탁했던 것이다. 만일 지금 또다시 그 일을 해야 한다면 나는 그때보다 더 주저하지 않고 다시 그렇게 결정할 것이다. 그리고 사회의 관습이 정말이지 조금만 내 본성을 도와주었더라면, 나는 세상에서 제일 다정한 아버지가 되었을 것이라고 생각한다.

내가 인간의 마음에 관한 지식을 얻는 과정에서 약간의 진척이라도 보았다면, 그 지식은 아이들을 만나거나 그들을 주의 깊게 바라보며 느끼곤 했던 기쁨에서 얻은 것이리라. 그 기쁨이 청년 시절에는 오히려 방해물로 작용했는데, 아이들과 너무 즐겁게 노느라 바빠서 그들을 연구할 생각을 거의 못 했기 때문이다. 하지만 늙어 가면서 나의 초췌한 얼굴이 아이들을 무섭게 만든다는 것을 알았을 때, 나는 그들에게 성가신 사람이 되지 않으려 조심했다. 그들이 즐겁게 노는 걸 방해하기보다 나의 기쁨을 포기하는 편이 낫다고 생각한 것이다. 그런데 그렇게 아이들이 재미있는 놀이를 하거나 귀엽게 꾀를 낼 계획을 짜는 것을 바라보다가 나는 나의 이 희생을 보상받을 뭔가를 찾게 되었다. 아이들을 관찰하다가 지금까지 우리 학자들이 전혀 파악하지 못했던, 인간 본성이 갖는 최초의 참된 마음에 대한 지식을 발견하게 된 것이다. 나는 기꺼이 온갖 정성을 다 기울여 몰두하지 않았다면 불가능했을 그 연구에 대한 증거를 내 저서들 속에 적어 놓았다. 그러니 만일 《신 엘로이즈(Julie ou la Nouvelle Héloïse)》와 《에밀(Émile ou De l'éducation)》이 아이들을 사랑하지 않았던 사람의 작품이라고 말하는 이가 있다면 그는 제정신 박힌 사람이 아니리라.

나는 임기응변에 능하지도 못하고 말주변이 좋은 사람도 아니었다. 게다가 불행한 일을 겪은 후론 혀와 머리가 제대로 돌아가지도 않는 듯했다. 때맞게 생각이나 표현도 떠오르지 않았다. 아이들에게 말을 건넬 때만큼 많은 식견과 정확한 표현의 선택을 요구할 때는 없다. 사람들은 내가 아이들을 위한 글을 썼기 때문에 신탁처럼 훌륭한 의견을 낼 것이라고 믿고, 내 입에서 나오는 말을 여러 의미로 해석하고 중요하게 여기면서 주의 깊게 잘 듣는데, 이런 상황이 나를 더욱 거북살스럽게 만든다. 여기에 적격자가 아니라는 느낌까지 더해지니 난처하기 그지없다. 나로서는 재잘대며 떠드는 아이들 앞보다 아시아의 군주 앞에 서는 것이 훨씬 더 마음이 편할 것 같은 생각이 든다.

지금은 또 다른 어려움이 나를 그들과 서먹서먹하게 만든다. 불행한 일을 겪은 후로도 나는 여전히 전과 같은 기쁨으로 아이들을 만나지만, 더 이상 전과 같은 친밀감은 느낄 수 없다. 아이들

은 노인을 좋아하지 않는다. 늙어서 쇠약하고 기운이 없는 노인
은 아이들의 눈에는 보기 흉한 사람으로 비친다. 그들이 불쾌감
을 느낀다는 사실에 나는 몹시 마음이 아프지만, 이제는 그들을
거북하게 만들거나 그들에게 혐오감을 줄 바에야 그들에게 다가
가지 않는 편이 낫겠다 싶다. 진정으로 어린아이를 사랑하는 영
혼에게만 작용하는 이러한 동기는 우리의 현학자들에게는 결코
찾아볼 수 없는 것이다.

　　조프랭 부인은 자기가 아이들과 있으면서 기쁨을 느끼면 같
이 있는 아이들이야 기쁨을 느끼든 말든 상관하지 않는다. 그런
데 내가 볼 때 그런 기쁨은 무가치한 것보다 더 나쁜 것이다. 함
께 나눌 수 없는 기쁨은 기쁨이라 할 수 없다. 그런데 나는 이제
아이들의 작은 마음이 내 마음과 합쳐져 이야기꽃을 피우는 것을
볼 수 있는 그런 처지나 나이도 아니다. 만일 그런 일이 나에게
다시 일어날 수 있다면, 그 기쁨은 이루 말할 수 없는 큰 기쁨이
될 것이다. 나는 그날 아침 수소아 씨의 아이들을 다정하게 쓰다
듬어 주면서 그런 기쁨을 충분히 느꼈다. 아이들을 데리고 온 하
녀가 내게 크게 부담감을 주지 않았고, 아이들이 내게 다가와 줄
곧 유쾌히 놀았으며, 나와 함께 있는데 싫증을 내거나 따분해하
는 것 같아 보이지 않았기 때문이다.

　　오! 비록 재킷 입은 어린아이 같은 마음이라 할지라도 잠시
나마 마음속에서 우러나오는 순수한 애정의 순간을 가질 수 있다

면, 예전에 나와 함께 했던 사람들에게서 종종 보았던 그리고 내가 원인 제공을 했던 기쁨과 만족의 시선을 다른 누군가에게서도 다시 볼 수 있다면, 짧지만 기분 좋은 마음의 토로를 통해 나는 또 얼마나 많은 괴로움과 아픔을 보상받을 것인가! 아! 그러면 사람들이 나에게 허락하지 않았던 호의의 눈길을 동물에게서 찾지 않아도 될 텐데. 그리 많지는 않지만 지금도 가슴 저리게 그리운 추억으로 남아 있는 몇몇 예를 보면 그런 판단을 내릴 수 있을 듯하다. 다음에 말하는 예도, 만일 내가 다른 처지에 놓여 있었더라면 십중팔구 잊어버렸을 테지만, 그것이 나에게 깊은 인상을 남겼다는 사실은 당시 내가 얼마나 비참한 처지였는지를 잘 나타낸다.

이 년 전 나는 누벨 프랑스(Nouvelle-France)[48] 쪽으로 산책을 나갔다가 조금 더 욕심을 내 더 멀리까지 걸었다. 그런 다음에는 방향을 왼쪽으로 바꾸어서 몽마르트르 주변을 돌아볼 생각으로 클리냥쿠르 마을을 가로질렀다. 마을을 둘러보거나 사람들에게 눈길을 주지도 않고 멍하니 꿈길을 헤매듯 걷고 있는데, 갑자기 뭔가가 내 무릎을 붙잡는 느낌이 들었다. 내려다보니 대여섯 살 정도 된 꼬마가 힘껏 내 무릎을 껴안고 너무도 친밀한 표정으

로 나를 올려다보고 있었다. 그 모습에 나는 정말 마음 깊이 감동을 받았다. 나는 혼잣말로 '내 아이들도 곁에 있었더라면 나를 이렇게 대했을 텐데'하고 중얼거렸다. 나는 아이를 품에 안고 정신없이 수차례 뽀뽀를 해 주었다. 그러고는 가던 길을 계속 이어 갔다. 그러나 마음 한구석에 아쉬운 생각을 떨칠 수가 없었고, 마음 속에 어떤 욕구가 치솟아 나에게 발길을 돌리라고 속삭였다. 나는 그 아이와 그렇게 급하게 헤어진 것을 후회했다. 나로서는 아이가 왜 그런 행동을 했는지는 모르겠지만, 아이의 행동에서 소홀히 여겨서는 안 될 일종의 권고 같은 것을 느꼈다. 결국 생각을 고쳐먹고 나는 서둘러 발길을 돌렸다. 아이에게 달려가 다시 한 번 안아 주고, 마침 그곳을 지나가던 상인에게 낭테르 빵[49]을 사 먹으라고 돈을 주고, 부산스럽게 말을 시켰다. 나는 아이에게 아버지가 어디 계시냐고 물었다. 아이는 큰 통이 어그러지지 않도록 테를 메우고 있는 사람을 가리켰다. 내가 그에게 말을 건네려고 아이를 잠깐 놔두고 걸음을 옮기려는 순간, 파리한 얼굴의 남자 한 명이 나를 앞질러 그를 향해 다가가는 것이 보였다. 누군가의 지시를 받아 줄곧 나를 미행하고 있었던 밀정 중 한 사람인 것 같았다. 그 남자가 아이의 아버지에게 귀엣말로 무언가를 속삭이

49　파리 근교의 낭테르(Nanterre) 지역은 오래전부터 짭짤한 작은 빵과 과자로 유명했다.

는 동안, 통장이는 우호적인 구석이라곤 찾아볼 수 없는 표정으로 나를 뚫어져라 쳐다보았다. 그 모습에 가슴이 옥죄는 아픔이 밀려와 나는 곧 아까 되돌아왔을 때보다 더 빠른 걸음으로 그 부자의 곁을 떠났다. 갑작스레 찾아든 불쾌한 혼란 때문에 내 기분은 엉망진창이 되고 말았다.

그렇지만 나는 그 후로도 이따금 그때의 기분이 다시 일어나는 것을 느꼈다. 그 아이를 다시 만날 수 있지 않을까 하는 기대로 여러 차례 클리냥쿠르를 들렀지만 두 번 다시 그 아이도 아버지도 만나지 못했다. 그때 그 아이와의 만남은 이따금 마음 깊숙이 스며들어 진한 감동을 느끼게 하는 모든 것들처럼 달콤함과 슬픔이 한데 섞인 선명한 추억으로 남아 있다.

어렵고 고된 일을 겪고 난 다음에는 늘 보상이 따른다. 내가 기쁨을 느끼는 일이 전보다 흔치 않고 시간도 짧아졌지만, 가끔 기쁨이 나에게 찾아들면 전에 맛볼 때보다 훨씬 더 열렬하게 맛보려 한다. 나는 지나간 일을 자주 돌이켜 생각함으로써, 그 기쁨을 되풀이하여 음미한다. 설령 기쁨이 드물지언정 그것이 순수하기만 한다면, 나는 나의 화려했던 시절보다 더 행복감을 느낄 것이다. 극도의 빈곤 속에서는 지극히 하찮은 것으로도 살림이 넉넉하다고 느낄 수 있다. 1에퀴를 발견한 거지는 황금 주머니를 발견한 부자보다 더 깊은 감명을 받는다. 내가 박해자들의 감시를 피해 몰래 내가 훔쳐 낼 수 있는 이런 사소한 기쁨이 내 영혼에 얼마나 큰 감동을 자아내는지 안다면, 아마 사람들은 나를 비웃을 것이다. 가장 최근에 그런 기쁨 중 하나를 맛본 건 사오 년 전인데, 당시 마음껏 기쁨을 누렸다는 생각에 그것을 돌이켜 생각할 때마다 나의 만족은 이루 말할 수 없다.

어느 일요일, 아내와 함께 나는 포르트 마요(Porte Maillot)[50]에 점심을 먹으러 갔다. 식사를 하고 나서 우리는 불로뉴 숲을 가로질러 라뮈에트성까지 갔다. 거기서 그늘진 풀밭에 앉아 해가 지기를 기다렸다가 천천히 파시를 지나 집으로 돌아올 예정이었다. 그때 수녀로 보이는 사람의 인솔 아래 스무 명 남짓한 소녀들이 우리 곁으로 몰려왔고, 그들 중 일부는 풀밭에 앉기도 하고 또 다른 일부는 장난을 치기도 했다. 소녀들이 놀고 있는데, 우블리(oublie)[51] 과자 장수 한 명이 북과 룰렛을 메고 손님을 찾으면서 지나갔다. 소녀들은 몹시 과자가 먹고 싶은 눈치였다. 그중 두세 명은 동전 몇 닢을 가지고 있었는지 과자 따먹기 놀이를 하게 해 달라고 인솔자에게 간청하고 있었다. 학생들과 인솔자가 실랑이

---

50   파리시(市)의 입구가 되는 문으로 파리 북서쪽 경계에 위치해 있다. 생드니 방향의 옛 도로 자리에 1750년경 건설되었다. 1763년부터는 왕실 사냥터로 향하는 출입문으로 많이 사용되었다.

51   얇고 둥근 모양의 과자로 주로 롤러로 밀어 만든다. 원뿔 모양의 우블리 과자는 '기쁨(plaisir)'이라고 불렸다. 우블리를 파는 과자 장수는 '룰렛(tourniquet)'이라고 불린 회전판 위에서 바늘 모양의 침을 돌리다가 멈추었을 때 침이 가리키는 숫자에 따라 모양이나 개수를 달리해 과자를 주었다고 한다. 숫자 0이 나와도 과자 장수는 운이 없는 날이라며 과자 하나를 주는 식이었다.

를 벌이는 동안 나는 과자 장수를 불러 "저 여자아이들이 모두 제비를 만들어 차례를 정할 수 있도록 해 주시오. 돈은 내가 다 내겠소"라고 말했다. 그 말에 소녀들의 환호성이 터져 나왔는데, 나는 지갑이 비게 되는 한이 있더라도 그것만으로 보상이 되고도 남는다고 생각했다.

소녀들이 우르르 몰려오는 바람에 약간의 소동이 났다. 나는 인솔자의 허락을 얻어 소녀들을 한쪽으로 정렬시키고 제비뽑기가 끝난 사람부터 차례차례 맞은편으로 가게 했다. 회전판의 침을 잘못 돌려도 꽝은 없고 최소한 과자 하나씩은 각자에게 돌아갔으므로 누구도 불만을 가질 리는 없었다. 명랑하고 활발한 분위기를 한층 높여 주려고 나는 과자 장수에게 몰래 가서 보통 때보다 될 수 있는 한 많은 과자가 당첨되도록 해 달라고 부탁하고, 그 몫의 계산도 내가 치르겠다고 말했다. 이런 방법을 쓴 덕분에 소녀들은 각자 딱 한 번씩 기회를 가졌는데도 거의 백 개 가까운 과자를 얻을 수 있었다. 내가 남용을 조장하거나 불만을 초래할 수 있는 편애를 드러내는 것을 결코 원치 않았기 때문에 가능한 일이었다. 아내는 많은 과자를 뽑은 소녀들에게 친구들과 나눠 먹는 게 좋겠다고 넌지시 권했고, 그 덕분에 분배가 공평하게 이루어져 모두가 다 같이 즐거워했다.

나는 수녀인 듯한 인솔자에게도 한번 뽑아 보라고 청했는데, 한편으로 그녀가 내 청을 쌀쌀맞게 거절하면 어쩌나 싶어 걱정스러웠다. 하지만 그녀는 흔쾌히 승낙을 하고 학생들과 똑같이 뽑기를 해서, 뽑은 과자를 체면 차리지 않고 받았다. 나는 그 점에 대해 그녀에게 무한한 고마움을 느꼈다. 나는 그녀의 행동이 일종의 예의 바름이라고 생각하는데, 그래서 더 기분이 좋았다. 그것은 점잔을 피우는 것보다 더 가치 있는 것이라고 생각했다. 그러고 있는 동안 한편에선 말다툼이 벌어져서 나에게 잘잘못을 가려 달라고 몇몇 소녀들이 왔다. 소녀들은 저마다 자기들이 옳다고 주장을 했는데, 그 광경을 바라보면서 나는 개중에 어여쁜 소녀는 한 명도 없었지만 몇몇 소녀들은 상냥함이 못생긴 용모를 가려 주고 있음을 깨달았다.

이윽고 우리는 서로 부족함을 느끼는 것이 없이 만족해하며 헤어졌다. 그날 오후는 내 인생에서 최고의 만족을 얻은 오후들 가운데 하나로 추억되었다. 게다가 축제 같았던 그 오후에는 돈이 그리 많이 들지 않았다. 고작 30솔(sol)[52] 정도의 동전으로 100에퀴 이상의 만족을 얻은 것이다. 따지고 보면 진정한 즐거움은 지출한 비용으로 잴 수 있는 것이 아니며, 기쁨은 금화보다 동전과 더 가까운 것이 틀림없다. 나는 그 후에도 그 귀여운 소녀들을 다시 만날 수 있지 않을까 하고, 같은 시간에 같은 장소로 여러 번 달

52　프랑스의 옛 화폐 단위였던 수(sou)의 예전 형태. 에퀴(écu)는 은으로 만든 옛날 돈을 말한다.

려가 보았으나, 두 번 다시 그런 일은 일어나지 않았다.

그러고 보니 거의 같은, 또 한 가지 재미난 추억이 생각난다. 퍽 오래된 일인데, 내가 부자와 문인들 가운데 끼여 때때로 그들의 한심한 오락을 함께 즐기지 않으면 안 되었던 불행한 시절의 일이었다. 나는 라 슈브레트[53] 성주의 세례명 축일 파티에 갔다. 성주의 가족 전부가 그날을 축하하기 위해 모였고, 모두를 환락에 빠뜨리기 위해 온갖 요란한 오락거리가 총동원되었다. 도박, 공연, 연회, 불꽃놀이 등 모든 것이 아낌없이 차려졌다. 숨 고를 틈도 없이 놀다 보니 다들 정신이 나갈 지경이 되고 말았다. 성대한 점심 식사 후 사람들은 바람도 쐴 겸 가로수 길로 나갔다. 그곳에는 시장 비슷한 것이 열려 있었다. 모두 함께 어울려 춤을 추었는데, 신사들은 허물없이 시골 처녀들과 춤을 추었지만 귀부인들은 머뭇거리는 눈치였다. 마침 그곳에서는 향신료가 든 빵을 파는 장수가 있었다. 파티에 온 한 청년이 그 빵을 사서 군중 속으로 하나씩 던졌고, 시골 사람들은 빵을 받으려고 떼를 지어 달려들어 서로 치고받고 뒹굴고 하였다. 그 모습을 본 우리 일행은 너무나 즐거워했고 모두가 청년과 똑같은 즐거움을 맛보려고 했다. 그리하여 향신료가 든 빵이 사방으로 날아다니고, 젊은 남녀

---

53 프랑스 몽모랑시(Montmorency)에 있는 드니 조제프 라리브(Denis-Joseph Lalive)의 성(城) 이름. 드니 성인의 축일은 10월 9일에 해당한다. 성의 안주인 데피네 부인(Madame d'Épinay)은 루소에게 거처를 제공하는 등 많은 도움을 주었다.

들은 이리 뛰고 저리 뛰다 땅바닥에 엎어지는 바람에 다치기까지
했다.

장터에서 일어난 한바탕의 소동이 우리 일행 모두에게는 몹
시 재미났던 모양이다. 나는 그들만큼 재미있게 생각하진 않았지
만, 같이 보조를 안 맞추는 것도 어색하다 싶어서 함께 따라 했다.
그러나 곧 사람들이 엎어지고 잦혀지고 하는 광경을 보기 위해
가지고 있는 것을 몽땅 낸다는 것이 객쩍은 일 같아서 일행을 내
버려둔 채로 혼자서 시장을 천천히 걸었다. 한참 동안 나는 여러
가지 물건들에 재미를 느꼈다. 그러다가 대여섯 명의 사부아 출
신 굴뚝 청소부나 잔심부름꾼 소년들에게 둘러싸여 있는 한 소녀
에게 눈길이 갔다. 소녀의 광주리에는 열두 알 남짓 되어 보이는
작고 변변찮은 사과가 들어 있었는데, 그녀는 어떻게 해서든지
빨리 그것을 팔고 싶어 하는 것 같았다. 사부아 소년들도 사과를
사 주고 싶었던 모양이지만, 그들이 가진 돈을 다 합해 봐야 동전
두세 닢 정도밖에 되지 않아 그걸 가지고는 도저히 사과를 살 수
없었다. 소녀의 광주리는 소년들에게는 헤스페리데스[54]의 정원이
었고, 소녀는 그곳을 지키는 용(dragon)인 셈이었다. 나는 한 편의
연극 같은 이 광경을 한참 동안 재미있게 지켜보았다. 이윽고 나

---

[54] 그리스 신화에 나오는 여신들. 헤라가 제우스와 결혼할 때 가이아로부터 선물로 받
     은 황금 사과나무를 지킨다고 한다. 황금 사과가 열리는 정원은 한 마리의 용이 경
     계를 선다고 한다.

는 소녀에게 사괏값을 치르고 사과를 소년들에게 나눠 주게 함으로써 이 연극의 대단원을 장식했다. 그때 나는 사람의 마음을 만족시켜 줄 수 있는 가장 기분 좋은 광경 중 하나를 보았다. 그것은 특별히 아이들의 순진함을 닮은 기쁨이 내 주위를 한껏 채워 온통 퍼져 나가는 광경이었다. 그 광경을 본 관객들도 기쁨을 함께 나누었기 때문에 가능한 일이었다. 나는 큰돈 안 들이고 그 기쁨을 함께 나눈 셈인데, 무엇보다 그 기쁨이 내 작품이라고 생각하니 한층 더 기뻤다.

이런 재미와 방금 내가 성에 두고 온 재미를 비교해 본 결과, 나는 그 차이를 실감하고 만족감을 느꼈다. 그것은 건전한 취향과 자연스러운 즐거움, 그리고 경멸에서 생기는 배타적 취향과 부유한 데서 오는 조롱 섞인 즐거움 사이의 차이였다. 가난 때문에 비천해진 사람들이 발길에 짓밟히고 진흙투성이가 된 빵 몇 조각을 서로 차지하려고 엎어지고 잦혀지고 숨을 헐떡대며 난폭하게 서로 부딪치고 깨지고 하는 것을 보면서 도대체 어느 누가 기쁨을 느낄 수 있단 말인가?

나는 앞서 내가 말한 상황에서 몸소 겪어본 쾌락에 대해 여러모로 깊이 생각해 보았다. 그 결과 그것이 선행을 베풀면서 가져 본 감정이라기보다는 사람들의 만족한 얼굴을 보는 데서 온 기쁨임을 깨달았다. 그런 모습은 내 마음 깊은 곳까지 스며드는 것이긴 하지만 내 감각을 사로잡는 힘이 있다는 것이 특징이었다. 만일 내가 도와서 느끼게 한 만족을 내 눈으로 볼 수 없다면 설령 만족을 준 것이 확실하더라도 내 즐거움은 절반으로 줄 것이다. 그것은 또 내가 참여할 수 있는지 여부와는 상관없는 즐거움이므로, 나와는 왠지 거리가 느껴지는 즐거움이라 할 수 있다.

예컨대 나는 축제일 같은 때 사람들의 밝고 쾌활한 얼굴을 보면서 늘 무척 즐거워했다. 그렇지만 프랑스에서는 이런 기대가 종종 어그러졌다. 스스로 밝고 쾌활하다고 여기는 프랑스 사람들이건만 노는 데 있어서는 그들의 면모를 거의 보여 주지 못했다. 예전에 나는 곧잘 파리 변두리 술집에 가서 서민들의 춤을 구경하곤 했다. 하지만 그들의 춤은 지극히 답답하여 활기가 없었고 그 몸짓도 어딘지 처량하고 서툴렀다. 결국 나는 즐거워지기는커녕 오히려 서글퍼져서 그곳을 나왔다. 반면 제네바나 스위스에서는, 사람들이 짓궂거나 경박한 웃음을 뿌리지 않는 건 아니지만, 축제 때면 모두들 만족감과 명랑함이 넘쳐서 가난한 사람들도 궁핍한 모습을 보여 주지 않고 부자도 오만한 태도를 보이지 않는다. 그곳에서는 안락, 우애, 화합이 사람들의 마음을 활짝 피어나게 하고, 순수한 기쁨에 흠뻑 취해, 서로 알지 못하는 사람끼리도 인사를 나누고 얼싸안고, 즐거움을 함께 누리자고 권한다. 이런 정겨운 축제를 즐겁게 맛보기 위해 내가 그 속으로 들어갈 필요는 없다. 그냥 보는 것만으로도 충분하다. 나는 축제를 보면서 사람들과 그 즐거움을 함께한다. 그리고 나는 밝고 쾌활한 그 수많은 얼굴들 중에서 나보다 더 밝고 쾌활한 마음을 가진 사람은 없을 것이라고 굳게 믿는다.

그것은 비록 감각에 바탕을 둔 즐거움이지만 그것이 생기게 된 데에는 분명히 도덕적인 동기가 있다. 악한 사람들의 얼굴에 나타나는 즐거움과 기쁨은 그들의 나쁜 마음이 충족되었다는 표시일 뿐이다. 그 모습은 나를 쾌락에 잠기게 하거나 즐겁게 해 주기는커녕 고통과 분노로 나를 아프게 한다. 오직 순수한 기쁨의 표지만이 내 마음을 즐겁게 해 준다. 잔인하거나 조롱 섞인 기쁨의 표지는 비록 내게서 찾아보기 어렵다 하더라도 내 마음에 상처와 슬픔을 준다. 물론 이 두 가지 기쁨은 서로 다른 원칙에서 생겨나는 것이라 정확히 같다고는 할 수 없지만, 어쨌든 기쁨의 표지이고, 감각 기관을 자극하는 정도의 차이에서도 그것들이 나의 내부에 불러일으키는 감동의 차이에 정비례하는 것은 아니다.

나는 괴로움과 아픔의 표지를 훨씬 더 예민하게 알아차린다. 그런 표지가 일으키는 감정보다 훨씬 더 세찬 감정에 나 자신이 요동치는 것을 억누를 수 없을 정도이다. 때로는 상상력이 내 감각을 강하게 자극하여 나를 고통받고 있는 사람과 동화시켜, 종종 그가 느끼고 있는 것보다 더 큰 고뇌에 빠지게 한다. 나는 불만족스러운 표정의 얼굴을 잘 견디지 못한다. 특히 그 불만족이 나와 관련 있다고 생각될 때 더욱 그러하다. 지난날 나는 멋모르고 몇몇 대저택에 산 적이 있는데, 그때 하인들이 내가 주인들에게 받은 환대의 대가를 얼마나 비싸게 치르게 했는지 모른다. 못마땅한 얼굴로 시중을 들던 하인들의 무뚝뚝한 표정과 투덜대던 말투가 내게서 얼마나 많은 돈을 빼앗아 갔는지는 이루 헤아릴 수 없을 정도이다. 나는 기쁨이나 아픔 또는 호의나 반감의 표지를 지닌 대상들에 지나치게 쉽게 영향을 받아 그 외적인 인상에 끌려다니다시피 한다. 거기에서 벗어나려면 도망치는 것 말고 달리 방법이 없었다. 낯선 사람의 손짓이나 몸짓 또는 눈길 하나만으로 나의 기쁨은 흐트러질 수 있고, 내 아픔은 잦아들 수 있었다. 나는 혼자 있을 때만 나의 것이다. 그렇지 않을 때는 나를 둘러싸고 있는 모든 사람들의 놀잇감이 된다.

예전에는 나도 세상 사람들 사이에서 즐겁게 지냈다. 그 무렵 내가 사람들 눈에서 본 것은 호의뿐이었고, 가장 나쁜 경우라 해도 나를 모르는 사람들의 눈에서 내가 본 것은 무관심 정도였다. 그러나 사람들이 본래의 내 모습은 못 보게 하면서 내 얼굴은 널리 알리려고 하는 오늘날에는 집을 나서기만 하면 가슴 찢어지는 악담을 하는 사람들에게 에워싸인다. 나는 걸음을 성큼성큼 떼어 급히 들판으로 나아간다. 푸른 초목이 보이면 비로소 나는 숨을 제대로 쉬기 시작한다. 이러니 내가 어찌 고독을 사랑하지 않을 수 있겠는가. 사람들의 얼굴에서는 증오심밖에 보이지 않는데, 자연은 언제나 나에게 웃음을 짓는다.

하지만 솔직히 말해서, 나는 지금도 내 얼굴을 모르는 사람들과 함께라면 그들 사이에서 지내는 것에 기쁨을 느낀다. 그러나 이제 그 기쁨은 나에겐 더 이상 허용되지 않는다. 몇 년 전만해도 이 마을 저 마을 오고 가며 아침에 농부들이 도리깨를 손보거나 여자들이 아이들과 문간에 서 있는 모습을 즐겁게 바라보았다. 그런 광경에는 왠지 내 마음을 감동시키는 뭔가가 있었다. 때때로 나도 모르게 걸음을 멈추고 자질구레한 일들에 매달려 있는 그 선량한 사람들의 일상을 넋 놓고 바라보다가 까닭 모를 한숨을 내쉬기도 했다. 그런 소소한 기쁨에 감동하고 있는 나를 사람들이 보았기 때문인지, 또는 나에게서 그런 기쁨까지 사람들이 빼앗고자 했기 때문인지는 모른다. 그러나 요즈음 내가 지나갈 때 사람들의 얼굴에 나타나는 변화나, 나를 쳐다보는 그 태도에 비추어 볼 때 나는 누군가가 나에 대해 극성맞게 소문내고 다니고 있음을 깨닫지 않을 수 없다. 실제로 앵발리드(Invalides)[55]에서 이와 같은 일이 내 눈앞에서 벌어졌다. 그 아름다운 건물은 늘 내 흥미를 불러일으켰는데, 나는 그곳에서 고대 스파르타의 노인들처럼 다음과 같이 노래하는 선량한 노인들의 무리를 볼 때마다

---

[55] 파리 7구의 역사적 건축물. 루이 14세가 1670년 상이군인과 퇴역군인들을 위해 짓기 시작해서 1676년에 완공한 건물이다. 앵발리드에는 건물 여러 채와 안뜰이 있는데 현재도 백 명 정도의 퇴역 군인이 이곳에서 요양 생활을 한다. 건물 대부분은 '군사 박물관(Muséde l'Armée)'이 들어서 일반에게 공개되고 있다.

감동과 존경을 느끼지 않을 수 없었다.

우리도 예전에는

젊고 용맹하고 담대했었다네[56]

내가 좋아하는 산책길 가운데 하나는 에콜 밀리테르 주변에 있었다. 나는 그 길 여기저기서 상이군인들과 만나는 것이 즐거웠다. 그들은 예전의 군대 예절을 그대로 간직하고 있어서 나와 마주칠 때면 늘 경례를 하곤 했다. 그때마다 나는 마음속으로 백 배나 더 답인사를 했고, 그들의 경례를 받는 것에 마음이 우쭐해져 기쁨도 갑절로 늘어났다. 나는 마음의 감동을 전혀 숨기지 못하는 성격이어서, 상이군인에 관한 일이나 그들의 모습이 얼마나 내게 감동을 주는지에 대해 그들과 종종 이야기를 나누곤 했다. 물론 그 이상의 것에 대해서는 말을 삼갔다. 그런데 얼마 후 나는 내가 그들에게 더 이상 이름 모를 사람이 아니라는 것을, 아니, 정확히 말하자면 그들이 나를 보는 눈초리가 여느 세상 사람들과 똑같아졌기 때문에 전보다 더 이름 모를 사람이 되어 버렸다는 것을 깨달았다. 그들은 더 이상 공손하지 않았으며 경례

---

56 플루타르코스의 《영웅전》 가운데 〈리쿠르고스의 삶〉에 나오는 대목이다. 플루타르코스는 BC 7세기경에 활동한 고대 스파르타의 입법자 리쿠르고스의 경력에 대해 널리 떠돌던 이야기들을 조각조각 모아 써 놓았다.

도 건네지 않았다. 처음에 보여 주었던 세련되고 예절 바른 태도 대신 냉담한 표정, 험상궂은 눈초리가 그 자리를 채웠다. 그들의 직업에서 비롯된 솔직함 때문에 그들은 다른 사람들처럼 증오심을 냉소와 배신의 가면 밑에 숨기려 하지 않았다. 오히려 공공연하게 가장 지독한 증오심을 나에게 드러내 보였다. 나에 대한 분노를 가장 덜 숨기는 사람들을 존경하지 않을 수 없는 입장에 몰린 셈이니 나는 그야말로 비참하기 짝이 없는 신세가 되고 만 것이다.

나는 그 뒤로도 앵발리드 부근으로 산책을 나갔지만 전처럼 즐겁지는 않았다. 그렇다고 나에 대한 그들의 감정 때문에 그 사람들에 대한 내 감정이 달라진 건 아니므로, 지난날 조국 방위에 힘썼던 사람들을 만나면 나는 변함없이 경의를 표하고 관심을 보였다. 그러나 나는 그들을 이렇듯 바르고 마땅하게 대하는데 그들로부터 제대로 보답을 못 받으니 참으로 괴로운 일이다. 이따금 나에 대한 세상의 평판을 아직 전해 듣지 못한 사람을 만나거나, 내 얼굴을 몰라서 내게 아무런 반감도 갖고 있지 않은 사람을 만나면, 나는 그 한 사람으로부터 받는 정중한 인사만으로 다른 사람들의 험상궂은 태도에 대한 보상을 받았다고 여긴다. 나는 다른 사람들은 잊어버리고 오로지 그 사람에게 생각을 모으면서, 그 사람도 나와 같은 영혼을, 증오가 파고들 수 없는 영혼을 가지고 있다고 마음속으로 그려 본다.

나는 작년에 백조섬(ile aux Cygnes)[57]으로 산책을 가려고 센 강을 건널 때 그런 기쁨을 맛보았다. 가난하고 늙은 한 상이군인이 작은 배 앞에서 함께 강을 건널 사람을 기다리고 있었다. 나는 그 배에 올라탄 다음 사공에게 출발하자고 부탁했다. 물살이 거세서 강을 건너는 데 시간이 꽤 걸렸다. 나는 여느 때처럼 냉정하게 거절당할까 두려워 그 상이군인에게 아무 말도 못 건네고 그냥 앉아 있었다. 그러나 그의 정직해 보이는 인상이 내 마음을 편하게 만들었다. 우리는 서로에 대해 말을 주고받았다. 그는 건전한 식견과 올바른 품행을 갖춘 사람 같았다. 나는 그의 솔직하고 친절한 말투에 내심 놀랐고 한편으로 무척 기뻤다. 오랫동안 이런 호의를 받아 보지 못했던 탓이다. 그러나 그가 아주 최근에 시골에서 올라왔다는 사실을 알게 되자, 나의 놀라움은 사그라들었다. 사람들이 아직 그에게 내 얼굴을 일러 주지 않았고, 아무런 지침도 내리지 않은 것이다.

나는 그가 나를 모른다는 점을 이용해서 잠시 그와 대화를 나누었다. 그리고 거기서 발견한 즐거움을 통해, 흔하디흔한 즐거움도 쉽게 맛볼 수 없게 되면 얼마나 그 가치가 높아지는지 알아차렸다. 배에서 내릴 때 그는 겨우 동전 두 닢을 호주머니에서 꺼

---

57   현재 파리 제7구에 있는 섬 ile des Cygnes를 루소가 잘못 적은 듯하다. 트로카데로 언덕과 앵발리드 광장 사이의 센강에 있던 다섯 개의 작은 섬으로 19세기에 센강 좌안 지역으로 합쳐졌다.

냈다. 나는 뱃삯을 대신 치르고서 그에게 그 돈은 넣어 두도록 했는데, 그가 혹시 기분 나빠 할까 봐 마음이 조마조마했다. 하지만 그것은 괜한 걱정이었다. 오히려 그는 나의 배려에 고마워하는 것 같았다. 특히 그가 나보다 더 나이가 많았기에 배에서 내릴 때 그의 손을 잡아 주었는데, 그는 그것에 대해 무척 기뻐하는 것 같았다. 나도 그런 반응이 기뻐서 어린아이처럼 눈물을 흘릴 지경이었다고 한다면, 이를 대체 누가 믿어 줄까. 나는 그의 손에 담배라도 사 피우라고 24수의 돈을 어떻게든 쥐여 주고 싶었지만, 감히 그럴 엄두를 내지 못했다. 때때로 나는 그런 수줍음 때문에 선행을 베풀지 못했다. 선행을 베풀었다면 내 마음이 기쁨으로 충만했을 테지만 내 나약함 때문에 그것을 포기한 것이다.

나는 늙은 상이군인과 헤어진 후 내가 베푼 호의가 금전적 보상으로 그의 고귀함을 타락시키고 그의 깨끗함을 더럽힌 것이니, 말하자면 나 자신의 원칙에 반하는 행위를 한 것이니 앞으로 삼가야 할 것이라고 생각하고 스스로를 위로했다. 금전이 필요한 사람들은 서둘러 도와줘야 한다. 그러나 일상의 사귐에 있어서는 금전적이고 상업적인 것이 순수한 샘에 접근해 물을 오염시키거나 변질시키지 않도록, 자연스러운 호의와 예절 바른 태도가 작용되도록 내버려두자. 네덜란드에서는 사람들이 시간을 알려 주거나 길을 가르쳐 주어도 돈을 받는다고 한다. 인간의 가장 단순한 의무까지도 거래를 하는 국민이 있다니 참으로 경멸받아 마땅하다.

　내가 알기로 손님을 반갑게 맞아 후하게 대접하고 돈을 받는 것은 유럽뿐이다. 아시아에서는 어디를 가나 무료로 묵을 수 있다. 물론 그런 숙소는 안락하진 않을 것이다. 그러나 "나는 인간이다. 그리고 인간의 집에서 대접을 받고 있다. 이들이 음식을 차려 나를 접대하는 것은 순수한 인류애이다"라고 생각하는 것이 과연 대수롭지 않은 일일까. 마음이 육체보다 더 견딜 만할 때, 사소한 결핍 같은 것은 거뜬히 견딜 수 있는 법이다.

(1778년 3월)

열 번째 산책

루소와 바랑 남작 부인.
루소는 사랑했던 그녀와의 추억을 회상한다.

❧

    오늘은 성지 주일(聖枝主日)[58]이다. 내가 바랑 부인을 처음 만난 것은 꼭 오십 년 전이었다. 내가 사는 지금 이 세기와 더불어 태어난 그녀는 당시 스물여덟 살이었다. 나는 열일곱 살[59]이 채 될까 말까 했다. 그때는 미처 못 깨닫고 있었지만, 이제 막 형성되고 있던 나의 기질이 본디 생명력으로 충만했던 마음에 한창 새로운 열정을 불어넣고 있었다. 밝고 활기차면서 유순하고 검손하고 얼굴도 꽤 괜찮게 생긴 청년에게 그녀가 호의를 가졌다는 건 당연하다. 또 내가 그때는 그 정체를 분간할 수 없었지만, 재치와 우아함이 넘치는 매력적인 한 여인이, 나에게 감사의 마음 이상으로 다정한 감정을 불러일으켰다는 것도 그리 놀랄 일이 아니다. 그런데 그 첫 만남이 예사롭지 않았던 것은, 그것이 내 평생을 결정하고, 불가항력의 사슬로 이후의 내 남은 생의 운명을 묶어

---

58   예수 부활 축일 바로 전 주일. 예수가 수난 전 예루살렘에 들어간 것을 기리는 날로 신자들이 축성된 나뭇가지를 들고 기념한다. 루소는 《고백》에서 바랑 부인을 1728년 3월 21일 일요일, 성지 주일에 안시(Annecy)에서 처음 만났다고 말하고 있다.

59   루소가 나이를 착각한 듯하다. 루소는 당시 열여섯 살도 채 안 되었다.

놓았기 때문이다. 나의 영혼은 그때까지 충분히 내적 능력을 발달시키지 못했기 때문에 아직 분명한 형태를 갖추지 못하고 있었다. 나의 영혼은 자신에게 그 형태가 주어질 순간을 마음 졸이며 기다리고 있었는데, 그녀와의 만남이 그 시기를 앞당겨 준 것이다. 그렇다고 그 순간이 머무적거림 없이 곧바로 찾아온 것은 아니었다. 나는 교육 덕분에 순진하고 맑은 품성을 지니고 있었기에, 사랑과 순결이 내 안에서 부대끼고 맞서는, 달콤하지만 급속하게 변하는 그 상태가 오래도록 이어졌다.

그녀는 나를 멀리하고 지냈다. 그러나 모든 것이 나를 그녀 곁으로 데려다주었기에 나는 그녀에게로 되돌아가야만 했다.[60] 이 귀환이 그 뒤 내 생애를 결정지은 계기가 되어 버렸다. 물론 나는 그녀를 내 사람으로 가지기 훨씬 전부터 오직 그녀 안에서, 그녀를 위해서만 생명을 지니고 있었다. 그녀가 내 마음을 넉넉하게 채워 주었듯 나 또한 그녀의 마음을 넉넉하게 채워 주었다면 얼마나 좋았을까. 우리 두 사람은 또 얼마나 평온하고 달콤한 나날을 보냈을 것인가! 그녀와 내가 그런 행복한 나날을 보내기는 했지만, 그것은 또 얼마나 짧고도 빠르게 지나갔던가! 그런 뒤에 내게 닥쳐 온 것은 어떤 운명이었던가! 나는 하루도 빠짐없이

---

60   개신교도였던 루소는 바랑 부인의 주선으로 이탈리아의 토리노로 떠나 그곳에서 로마 가톨릭 세례를 받는다. 루소는 일 년 정도 그곳에서 머물다 1729년 6월에 바랑 부인 곁으로 다시 돌아간다.

감격과 기쁨으로 내 삶에서 오직 한 번밖에 없었던 그 짧았던 시절을 회상한다. 그 시절만큼 부당한 간섭 없이 내가 온전히 나 자신으로서 진정한 삶을 살았던 적은 없다. 나는 베스파시아누스[61] 황제의 총애를 잃고, 조용히 시골에서 생애를 마친 근위대 사령관과 마찬가지로 이렇게 말할 수 있다. "나는 이 세상에서 칠십 년을 살았지만 진정으로 산 것은 칠 년뿐이다." 그 짧고도 귀한 시기가 없었다면, 아마도 나는 언제까지나 내가 무엇을 해야 좋을지 모르고 살았을 것이다. 그 후로 줄곧 나는 의지가 굳세지 못하고 저항할 힘도 없어서 타인의 정념에 마음이 동요되고 불안해지고 줏대 없이 왔다 갔다 하는 바람에 나 자신의 행동에서 어디까지가 진정 나의 행동인지도 분간 못할 지경이 되었기 때문이다. 파란곡절 많은 삶을 견디며 나는 거의 수동적인 인간이 되어 버렸고, 가혹한 필연성에 끊임없이 짓누름을 당했다. 하지만 자애롭고 정감 넘치는 한 여인에게 사랑받았던 그 짧은 몇 년 동안, 나는 내가 하고 싶었던 일을 했고 내가 되고 싶었던 존재가 될 수 있었다. 그리고 남는 시간을 활용하고 그녀가 알게 해 준 교훈과 본보기의 도움을 받아, 아직 순박하고 어수룩하던 내 영혼에 한층 더 알맞은 형태를 붙여 줄 수 있었다. 내 영혼은 그때의 형태

---

61 베스파시아누스(Titus Flavius Sabinus Vespasianus, 9~79). 고대 로마의 황제. 네로의 자살 후 제위에 올라 파탄한 재정을 재건하고 콜로세움과 신전의 건설에 착수하여 제국의 질서와 번영을 회복하였다. 재위 기간은 69~79년이다.

를 아직도 유지하고 있다. 마음의 활동에 중요한 구실을 하는 외향적이고 상냥한 감정과 더불어 고독과 명상을 추구하는 경향이 내 마음속에 싹튼 것이다. 소란과 소문이 그런 감정을 억압하고 질식시키려 들지만 고요와 평화는 그것을 북돋워 주고 더 높은 수준으로 만들어 준다.

　사랑을 하려면 생각을 가다듬을 필요가 있다. 나는 바랑 부인에게 함께 시골로 떠나자고 했다. 작은 골짜기의 비탈진 곳에 위치한 외딴집이 우리의 은신처였다. 내가 그곳에서 보낸 시간은 불과 사오 년 정도[62]였지만, 나는 그곳에서 백 년 치의 삶과 순수하고 충만된 행복을 온전히 누리고 즐겼다. 그 행복이 내게 안겨 준 매력 덕분에 나는 현재 내 운명이 겪고 있는 온갖 끔찍한 일들을 이겨 낸다. 나는 내 마음에 어울리는 여자 친구가 필요했는데, 그런 여자 친구가 내 사람이 된 것이다. 나는 시골에서 살고 싶다는 소망도 이룰 수 있었다. 나는 구속이나 속박을 못 견뎌 했

62　1735년 또는 1736년부터 1740년까지 샹베리에서 그리 멀지 않은 마을의 작은 영지인 레 샤르메트에서 보낸 기간을 말한다. 이곳에 있던 '외딴집'은 현재 루소를 사랑하는 많은 사람들이 즐겨 찾는 곳이다. 루소가《고백》에서 묘사하는 레 샤르메트의 목가적 생활은 오염되지 않은 자연에서 만끽한 이상적인 행복의 본보기이다. "여기서 내 생애의 짧은 행복이 시작되었고, 나로 하여금 '나는 진정 살아 보았다'라고 말하게 한, 평화롭고도 빨리 지나가 버린 순간들이 찾아든다. (……) 나는 해가 뜨면 일어났고 행복했다. 나는 산책하며 행복했고, 엄마(바랑 부인을 말한다)를 보며 행복했다. 나는 숲과 언덕을 쏘다니고 골짜기를 헤맸으며, 책을 읽고 한가로움에 몸을 맡기고 정원에서 일을 하고 과일을 땄으며 집안일을 도왔다. 행복은 어디를 가나 나를 따라다녔다. 그것은 어떤 특정 사물 속에 있었던 것이 아니라 바로 나 자신 안에 있어서 단 한 순간도 나를 떠날 수 없었다."

는데, 그때는 완벽하게 자유로웠다. 아니, 자유로운 정도가 아니고 그 이상이었다. 나는 내가 애착을 느끼는 것에 충실하여 오직 내가 하고 싶은 일밖에 하지 않았기 때문이다. 내 모든 시간은 사랑하는 이를 위한 헌신과 전원 활동으로 꽉 차 있었다. 그런 기분 좋은 상태가 계속되는 것만이 유일한 내 소망이었다. 근심거리가 있다면 그런 상태가 오래가지 못할지도 모른다는 두려움이었다. 우리의 넉넉하지 못한 형편에서 비롯된 그 두려움은 근거가 없는 것은 아니었다. 그때부터 나는 그런 불안감을 떨쳐 버리는 동시에 그것이 현실화되는 날에 대비해서 여러 방책을 마련해야겠다고 마음먹었다. 나는 재능을 충분히 갖추는 것이 곤경에 대비하는 가장 확실한 방책이라고 생각했다. 그리고 이 세상에서 가장 훌륭한 여인이 내게 베풀어 준 은혜에 보답하기 위해 나의 여가를 사용하기로 결심했다.[63]

(1778년 4월 12일)

---

[63] 〈열 번째 산책〉 원고는 루소가 죽으면서 미완성으로 끝나고 말았다. 루소는 1778년 7월 2일 오전 11시 뇌일혈로 사망했다.

어느 방랑자의 몽상과 행복

장 자크 루소(Jean-Jacques Rousseau)는 1712년 6월 28일 제
네바에서 태어났다. 그를 낳고 며칠 뒤에 어머니가 사망했고 가
난한 시계공인 아버지의 손에서 자랐다. 1722년 아버지가 퇴역
한 프랑스 군인과 싸움을 벌인 일로 제네바를 떠남에 따라 루소
는 거기서 그리 멀지 않은 보세의 개신교 기숙학교에서 이 년 정
도 생활했다. 열두 살 때 제네바로 돌아와 시청 법무사 밑에서 견
습 생활을 시작했고, 이어 조각공의 도제가 되었으나 세상살이의
고달픔을 뼈저리게 겪고 1728년 제네바를 도망쳐 스위스, 북부
이탈리아, 프랑스 여러 지역을 여행했다. 루소는 사부아 지방에
서 만난 한 사제의 소개로 자신보다 열두 살 연상의 후원자인 바
랑 부인을 만난다. 그는 그녀를 '엄마(Maman)'라고 불렀고 그녀
는 루소를 '아가(Petit)'라고 불렀다.

루소는 삼십 대가 되어서야 파리에 정착했는데, 처음에는 음
악으로 출세를 하고자 했다. 그는 작곡을 독학으로 공부하여 《현

대 음악론(Dissertation sur la musique moderne)》이라는 책을 펴내고, 오페라 〈사랑의 시신(詩神)들(Les Muses galantes)〉과 막간극 〈마을의 점쟁이(Le Devin du village)〉로 예상 밖의 성공을 거둔다. 파리에서 그는 "우둔하나 예민한 감수성의 소박하고 애교 없는" 하숙집 세탁부 테레즈(Marie-Thérèse Levasseur, 1721~1801)를 만나게 되는데, 결국 그녀와 한평생을 보내게 된다. 루소는 음악 악보를 베끼는 일로 생계를 꾸려 갈 것을 결심하면서, 후원자의 '노예'가 되느니 차라리 가난하게 살겠다고 다짐한다.

루소는 파리에 체류하면서 디드로, 달랑베르, 콩디야크 등 당대의 지식인 그룹과 열띤 토론을 벌이며 친분을 쌓아 갔지만, 직업에 대한 걱정과 테레즈 가족과의 어려움 등으로 불안한 시기를 보내게 된다. 바로 그 시기에 루소는 인생의 전환점이 될 중요한 경험을 하게 된다. 1749년 루소는 디드로와 달랑베르의 권고로 《백과전서(Encyclopédie)》의 음악 항목을 집필한다. 10월 그는 《맹인들에 대한 편지(Lettre sur les aveugles à l'usage de ceux qui voient)》를 출판하여 뱅센성에 수감된 디드로를 면회 가던 길에 잡지 「메르퀴르 드 프랑스(Mercure de France)」에서 디종 아카데미가 모집한 '학문과 예술의 진보는 풍속의 순화에 기여했는가' 라는 현상 논제를 읽게 된다. 루소는 그 순간 벼락을 맞은 느낌이었다고 여러 편지들에서 회고한다. "나는 그 공고문을 읽는 순간 또 다른 세계를 보았고 그리하여 다른 사람이 되었다"라고 말한다. 그는 호흡을 고르기 위해 걸음을 멈추고 길가의 나무를 부여잡아야 할 지경이었다. '그렇지 않다. 기여하지 않았다'라고 그는 생각했다. 그는 '인간의 역사야말로 문명의 진보에 따른 도덕의 퇴화로 얼룩진 불행과 악덕의 대서사시'라는 방향으로 논문의 구도를 잡았다.

　　루소가 디종 아카데미에 제출한 논문은 상을 받았고, 1750년 12월 말에는 《학문 예술론(Discours sur les sciences et les arts)》이라는 이름의 작은 책자로 출간된다. 루소는 전 유럽에서 논쟁의 중심인물로 떠올랐는데, 그처럼 그의 논문이 높은 명성을 얻게 된 것은 학문과 예술에 대한 18세기의 통설을 과감히 뒤집어엎었기 때문이었다. 볼테르를 비롯한 당대의 지식인들은 학문과 과학의 진전이 미덕을 가져온다고 주장했다. 또한 근대 유럽이 중세 암흑기의 미신과 무지에서 깨어나면서 인간 행동이 점진적으로 개선되어 간다고 말했다. 그런데 루소는 이와는 대조적으로 고대의 시인들이 노래한 원시의 황금시대를 칭송하고 나섰다. 황금시대는 "사투르누스가 다스리던 순수와 행복의 시대였고, 노동하지 않고도 얻어지는 풍요, 이상적 정의, 평화와 평등의 시대"였다. 루소는, 인간은 학문에 대한 과도한 욕심 때문에 그 황금시대에서 타락하여 은총을 잃었다고 주장했다. 계몽사상을 신봉하는 당시 동료들이 볼 때 루소의 주장은 헛소리에 지나지 않았다. 그들은 루소가 정치·종교 개혁의 대의를 저버리고 황량한 원시 상태로 되돌아가려 한다고 비난했다.

루소는《학문 예술론》으로 일약 계몽주의 시대의 가장 저명한 비판자가 되었다. 그 후 열두 해 동안 그는 많은 책을 펴냈는데, 그중에는 가장 유명한《사회 계약론(Du contrat social)》과《에밀(Émile ou De l'éducation)》이 있다. 루소는 당대의 세습적 지배 계급의 편견과 대립하면서 프랑스 대혁명이 나아가야 할 길을 제시한 정치적 논문보다《에밀》로 인해 훨씬 더 많은 어려움을 겪었다. 그는 자신의 책이 신이 처음 만든 아담처럼 마음이 순수한 사람을 위한 것이라고 말한다. 인간은 '본원적으로 선하다'라는 루소의 주장은 당시 사회에 통용되던 기독교적 원죄설에 정면으로 대립하는 것이었기에 그는 수난의 세월을 보내게 된다.

1762년 6월 7일 파리의 소르본 신학부는 신앙과 풍속을 해친다는 이유로《에밀》을 고발하고, 9일 고등 법원은 루소에게 유죄 선고를 내리고 구속 영장을 발부한다. 루소는 체포를 피하기 위해 고향인 제네바로 향했으나 그곳에서도 사정은 마찬가지였다. 그는 타락한 반란자라고 저주를 받았고 그의 책들은 불태워졌다. 팔 년이 지난 1770년 루소는 자신의 운명이 최악의 국면으로 치닫던 이 시기를 돌아보면서《고백(Les Confessions)》의 마지막 권의 첫머리에 이렇게 썼다. "여기서부터 악마의 음모가 시작된다. 지난 팔 년간 나는 이 음모에 파묻혀 있었고 어떤 수단을 써도 도무지 그 끔찍한 암흑을 빠져나갈 수 없었다. 내가 사로잡혀 있는 불행의 심연 속에서 내게 가해지는 타격을 느꼈고 그 직접적인 도구를 알아차렸다. 하지만 그 도구를 사용하는 손도, 그 손이 사용하는 방법도 알 수 없다. 치욕과 불행이 그 이유를 드러내지 않은 채, 마치 저절로 내게 달려드는 듯싶다."

이렇게 박해를 받던 루소는 프로이센의 국왕 프리드리히 2세(Friedrich II, 1712~1786)의 허락으로 뇌샤텔에서 도피처를 얻는다. 그곳에서 루소를 존경했던 부유한 귀족 부인이 그에게 외딴 트라베르 계곡에 위치한 시골 마을 모티에의 빈집을 거처로 얻어 준다. 루소가 그 '조용한 집'에서 보낸 겨울은 그 세기를 통틀어 가장 혹독했다. 루소는 산골 벽지 마을에서 이국적인 연보라색 카프탄(넓고 긴 소매가 달린 터키풍의 긴 옷)을 입고 모피 테두리가 있는 모자를 쓰고 미사와 성찬식에 나갔으며, 여성들의 코르셋을 조이는 데 사용되는 끈을 짜기도 했고, 골짜기를 이리저리 다니거나 높은 곳에 올라 식물을 채집하기도 했다. 그가 《고독한 산책자의 몽상(Les Rêveries du promeneur solitaire)》에 쓰고 있는 것처럼 "숲속 나무 그늘 아래 있으면 마치 내 주변에 있던 적들이 마침내 사라지고, 사람들에게 잊혀서 자유롭고 평화로운 상태에 놓인 듯한 느낌"을 받으며 살았다.

물론 루소의 적들은 한시도 그를 가만 내버려두지 않았다. 루소는 파리 대주교 보몽(Christophe de Beaumont, 1703~1781)에게 《에밀》에 대한 답변서를 제출해야 했고, 일 년 뒤에는 제네바의 검찰 총장 트롱생(Jean Robert Ⅱ Tronchin, 1710~1793)을 통렬히 공박하는《산에서 쓴 편지(Lettres de la montagne)》도 써야 했다. 그 서한에서 그는 자신에게 취해진 제네바 정부의 조치는 공화국의 헌법과 자유주의적 전통에 어긋난다고 주장했다. 1764년 12월 27일에는 볼테르(François-Marie Arouet Voltaire, 1694~1778)가 익명으로 쓴 팸플릿 〈시민들의 견해(Sentiment des citoyens)〉가 나왔는데, 여기서 볼테르는 루소를 예수 그리스도와 기독교와 그 사제들을 모욕한 "바보이자 중상모략자"라고 불렀다. 그는 이렇게 썼다. "루소는 돌팔이 약장수처럼 옷을 입고 이 마을 저 마을, 이 산 저 산으로 불쌍한 여자를 하나 데리고 다닌다. 그는 그녀의 어머니를 무덤으로 보냈고, 그녀가 낳은 아이들을 고아원 문 앞에 버렸다. 그럼으로써 그는 명예와 종교를 뒤흔들었듯 인간의 자연스러운 감정도 부정하였다." 루소는 이러한 상황에서 자신을 음해하는 비열한 세력이 있다는 믿음을 굳게 했다. 1765년 겨울 루소는 자신의 생애를 있는 그대로 기술하고 자기를 적극적으로 변호하기 위해《고백》을 쓰기로 결심한다.

　루소와 제네바 당국 간에 긴장이 고조되고 볼테르가 쓴 악의적 비방 글도 대중의 분노를 유발해 루소는 더 이상 모티에에 머물 수 없었다. 루소가 머물던 집에는《에밀》에 표명된 그의 종교에 관한 견해를 비난하고, 그를 진정한 기독교로 개종시키려는 사람들도 등장했다. 주변 마을 목사들은 주민들 사이에 루소가 선한 기독교인과는 정반대되는 사람이라는 소문을 널리 퍼뜨렸다. 1765년 9월 6일 밤 목사 몽몰랭의 선동으로 모티에 주민들이 루소의 집에 돌을 던져 창문을 깨뜨리는 소동까지 벌어졌다.《고백》에서 루소는 당시 늑대인간처럼 들에서 쫓겨 다녔으며, 심지어 어떤 집들 앞을 지날 때에는 거기 사는 사람들이 누군가에게 이렇게 소리치는 것을 들었다고 쓰고 있다. "내 총 좀 가져와. 저놈을 쏘아 죽이게." 루소는 화를 피하기 위해 테레즈와 함께 모티에를 떠나기로 결심한다.

비엔 호수에 있는 생피에르섬은 그의 다음 정착지였다. 루소는 《고독한 산책자의 몽상》에서 두 달 남짓 되는 이 섬에서의 생활에 대해 한 장(章)을 전부 할애하고 있다. 그는 이 섬에서 "이 년, 이 세기, 아니 영원토록" 살고 싶었다고 말한다. 루소가 섬에 머무는 동안 그를 돌봐 준 사람은 관리인과 그 가족이었다. 그들은 루소와 그의 동행인 여자에게 기꺼이 피난처를 제공했다. 루소는 당시 아직 자연 그대로 남아 있던 숲과 풀밭 속에서 보낸 그 시기를 인생에서 가장 행복했던 시기의 하나로 꼽는다. 그는 그때의 상태를 이렇게 밝혀 말한다. "나는 '파 니엔테(far niente, 아무것도 하지 않기)'를 소중하게 여기는데, 바로 이것이야말로 내가 거기서 더할 수 없이 감미롭게 맛보고 싶었던 그 행복을 누리기 위해 으뜸으로 갖추어야 할 태도이다. 그리고 실상 내가 그곳에 머무는 동안 한 일이라곤 한가로움에 빠져 있는 한 남자에게 필요한 감미로운 소일거리 정도였다."

루소는 1765년 가을을 작은 배를 타거나 산책하거나 식물 채집 여행을 하면서 보냈다. 그는 "난생처음 식물학에 온통 정신을 빼앗겼다"라고 설명한다. "나는 숲과 들판을 한가롭게 돌아다니며 이곳저곳에서 때로는 꽃 한 송이를 때로는 잔가지 하나를 수집하기도 하고, 되는대로 건초를 뜯어 먹고, 늘 잊어버리기 때문에 같은 것들을 똑같은 흥미를 갖고 수도 없이 관찰하기도 했다. 덕분에 나는 한순간도 지루해하지 않고 줄곧 그렇게 긴 시간을 보낼 수 있었다." 루소는 섬을 구역별로 탐방하고 모든 식물을 목록에 실을 '생피에르섬 식물도감'을 만들 계획도 세우고 있었다. 생피에르의 식물 천국은, 제네바 의회가 그랬듯 루소의 저서를 금서로 규정하고 그 작가가 영토에 머무는 것을 허용하지 않았던 베른 정부에 속한 땅이었다. 루소는 그 섬에서 "그렇게나 몹시 필요로 하는 평화와 안식을 찾을 것을 기대하며" 오래도록 지내고 싶었지만 상황은 그렇게 흘러가지 않았다. 그는 또다시 베른 당국에서 추방령을 받고 방랑길에 올라야 했다. 루소는 전날 밤 섬사람들을 위해 류트를 연주하고 자신이 지은 고별시 몇 편을 노래한 다음 10월 26일 그곳을 떠났다.

루소는 영국으로 갈지 또는 프로이센으로 갈지 망설였다. 하지만 전제 군주인 프리드리히 2세의 보호를 받기가 그리 탐탁지 않아 철학자 흄(David Hume, 1711~1776)의 제안을 받아들여 그와 함께 영국으로 갔다. 1766년 1월 영국에 도착한 루소는 약이 주 동안 런던에 머물면서 큰 환영을 받았다. 하지만 도회지의 시끄러운 번잡함에 지쳐 우턴이라는 작은 마을에 집을 얻었다. 그는 또다시 마음에 맞는 전원을 찾았다. 영어를 할 줄 몰랐기 때문에 주민들과 접촉은 전혀 없었다. 유일한 위안은 주변을 산책하는 것이었다.

처음에 친밀했던 흄과의 관계는 이내 악화되었다. 루소는 흄에게 흉금을 털어놓고 세상 돌아가는 이야기를 하려 했으나 흄은 영국 사람답게 약간의 거리와 위엄 있는 태도를 중요시했다. 게다가 흄이 자신을 박해하는 음모자들과 한패일지도 모른다고 의심하는 등 루소의 피해망상과 혼란 증세도 점점 심해졌다. 루소는 자신에 대한 음모가 영국에까지 미쳤다고 생각하고 1767년 5월 21일 갑자기 영국을 떠나 프랑스로 돌아온다.

파리 고등 법원에서 루소에게 발부한 구속영장이 아직 유효한 상황이었지만 루소는 그 후 삼 년 동안 '르누(Jean-Joseph Renou)'라는 가명으로 테레즈와 함께 노르망디의 트리에, 도피네에 있는 부르구앵과 몽캥 등 이곳저곳을 떠돌아다녔다(루소는 8월 30일 부르구앵에서 테레즈와 정식으로 결혼했다). 루소와 그의 반려자는 종종 어려운 상황에 처했지만 그 시기가 불안과 혼란의 시기였던 것만은 아니었다. 외딴 농가나 익명이나 가명으로 머문 성들에서 루소는 방해받을 염려 없이 자신의 인생에 대해 깊이 생각하고 몇 가지 문학적 성취를 이루었다.

루소가 1759년 혹은 1760년경에 처음 구상한 《고백》은 1770년 12월에 완성되었다. 모두 열두 권으로 된 이 책은 루소 자신이 "영혼의 역사"를 기록했다고 말하고 있는 것처럼, 태어나면서부터 영국에 망명하기 전까지 작가의 생애가 솔직하게 기술되어 있다.[64] 루소는 책의 일부를 몇몇 모임에서 낭독했는데, 때때로 낭독회는 무려 열일곱 시간이나 걸리기도 했다. 1772년 6월 파리로 돌아온 루소는 플라트리에르 거리(현재의 장 자크 루소 거리)에 거처를 정하고, 악보 필사로 어렵사리 겨우 생계를 유지했다. 물론 이 시기에 식물학에 대한 글을 쓰기도 하고, 정치에 대한 관심을 담은 《폴란드 통치에 대한 고찰(Considérations sur le gouvernement de Pologne)》도 집필했다.

1772년 루소는 《고백》에 대한 사람들의 냉담한 무관심에 불만을 갖고 《루소, 장 자크를 심판하다 ─ 대화(Rousseau juge de Jean-Jacques ─ Dialogues)》를 쓰기 시작한다. 그는 《대화》로 더 잘 알려진 이 책에서 자신이 만들어 낸 허구적 인물들과 대화를 나누면서 자신이 받은 박해를 설명하고 자신의 견해와 행동을 적극적으로 해명한다. 1776년 초 루소는 사 년간의 긴 작업 끝에

---

[64] 작가의 뜻에 따라 《고백》은 루소가 죽고 나서 1782년에 1부(1~6권)가, 1789년에 2부(7~12권)가 각각 출판되었다.

완성한 이 책을 노트르담 대성당의 제단 위에 얹어 놓음으로써 여론을 조성해 자신에 대한 음모를 분쇄하려 했으나 철책이 닫혀 있어 실패한다. 그리하여 세상 사람들의 오해와 불의에 대항해 자신을 변호하려던 그의 노력도 물거품이 되었다.

고독한 산책자의 몽상

루소는 예순다섯이던 1776년 가을, 마지막 작품이 될《고독한 산책자의 몽상》을 쓰기 시작했다. 이 책의 마지막 장은 1778년 4월에 쓰였다. 루소는 한 달 후 자신의 열렬한 독자인 지라르댕(René-Louis de Girardin, 1735~1808) 후작의 권유로 파리에서 북쪽으로 사십 킬로미터 떨어져 있는 에르메농빌(Ermenonville)성 옆에 있는 손님용 숙소로 이사했다. 이사한 지 엿새가 되는 7월 2일 루소는 평소처럼 아침 산책을 한 다음, 음악 수업을 하려고 집을 나서던 참에 갑자기 쓰러졌다. 루소는 예순여섯 번째 생일을 지내고 나흘 후인 1778년 7월 2일에 죽음을 맞이했다. 《고독한 산책자의 몽상》은 미완성 작품으로 남았는데, 그의 사후인 1782년 제네바에서《루소 선집(Œuvres de Rousseau)》세 번째 권에 수록되어 처음으로 출판되었다.

《고독한 산책자의 몽상》은 수필, 자서전, 철학서 등 일반적인 장르 구분을 벗어나는 독특한 작품이다. 한탄과 체념, 원망과 불신, 성찰과 망상이 뒤섞여 언뜻 기묘한 책처럼 보이기도 하지만,

노년에 접어든 작가가 인생의 고난과 고독과 기쁨을 돌이켜 생각하며 자신의 삶을 진솔히 담은 회고록과 같다. 《고독한 산책자의 몽상》의 첫 부분에 나오는 문장들은 루소의 개인적 연민과 철학적 통찰력이 혼합된 것으로 그가 쓴 문장 중에서도 백미로 꼽힌다. 굴곡진 과거를 하나하나 짚어 가는 이 문장들은 마치 이 책의 마지막 부분처럼 제시되어 있다. "이 세상에서 이제 나는 혼자다. 더 이상 형제도, 이웃도, 친구도, 어울리는 모임도 없이, 오로지 나 혼자일 뿐이다. 그 누구보다 사귐성 있고 곰살궂은 사람이 만장일치로 내쫓긴 것이다."

이 책은 자신이 사랑한 여인과 젊은 시절 함께 맛본 목가적인 평화로 되돌아가는 것으로 끝을 맺고 있다. 루소는 이 책에 사회로부터 받은 자신의 상처와 고통을 솔직하게 털어놓고, 사회에서 얻은 기쁨과 환희도 다시 한번 떠올리면서, 마침내 자연과 자신 안에서 위안과 희망과 평온을 찾은 과정을 리듬감 넘치는 시적 산문으로 그리고 있다.

루소, 고독하다

루소는 혼자다. 다른 사람들과 함께 있기를 원했음에도 불구하고 말이다. 그는 "우정을 위해 태어났고", 인간들 가운데 가장 "사귐성 있고 곰살궂은 사람"이었다. 세상에 알려지지 않고 살았을 동안 모든 사람들에게 사랑을 받았고 단 한 사람의 적도 없었다. 사람들을 믿음으로 대했고, 그 믿음에 대해 보상도 받았다. 그런데 졸지에 심술궂은 사람들에게 박해를 받고 사회에서 내쫓겨진 것이다.

루소는 모든 사람과 친구가 되고 싶었다. 그러나 사람들은 그에게 그것을 허락하지 않을 뿐 아니라 금지하기까지 했다. 그는 어린이를 좋아했으며 그들과 어울려 노는 것도 즐겼다. 그가 자기 자식들을 보육원 문 앞에 버렸다는 사실이 그가 그들을 사랑하지 않았다는 것을 의미하지는 않는다. 테레즈와 그녀 가족의 문제가 복잡하게 얽혀 있어 오히려 아이들을 위해서 그랬다고도 할 수 있다.

그는 기쁨으로 빛나는 소녀들의 눈빛을 좋아했다. 산책길에서 기숙학교 학생들을 만날 때면 그는 그들이 원하는 것은 무엇이든 다 들어주었다. 상인들이 파는 과자를 사 주고, 그들이 좋아하는 모습을 보며 더없이 행복해했다. 그는 사부아 지방의 평범한 사람들, 지독히 가난했지만 쾌활했던 그들을 좋아했다. 그리고 순박한 풍속의 스위스 민간 축제들, 평화롭게 일하는 노동자들을 좋아했다. 파리의 사관 학교 근처로 식물 채집을 나갈 때 만난 상이군인들도 좋아했다. 그들은 그에게 공손한 눈빛과 솔직한 인사를 보내왔다.

불행하게도 사람들이 그에 대해 경계를 당부하고, 나쁜 정보를 퍼뜨리기 시작했으며, 사람들의 얼굴에 적대감이 보였다. 루소는 사회를 떠나 피신처를 찾지 않을 수 없었다. 이제 그에게는 무슨 일이 남아 있는가? 고독의 원인을 따져 보고, 그 치유책을 찾아보고, 고독한 개인의 길을 파악하는 일만이 남았다. 그렇게 함으로써 루소는 마지못해 떠나야 했던 것들을 회한의 시선으로 다시 돌아보게 된다.

루소는 말한다. "이제 그들은 나에게 다른 나라 사람, 낯모르는 사람, 요컨대 아무것도 아닌 사람이 되어 버렸다. 그들이 그것을 원했기 때문이다." 그런 다음 다시 이렇게 묻는다. "그런데 나는, 그들과 모든 것으로부터 분리되어 따로 떨어진 나 자신은 도대체 무엇이란 말인가?" 이것이 그가 스스로에게 탐구해 보라고 제안한 과제이다. '나는 무엇인가?' 이것은 소크라테스, 아우구스티누스, 데카르트, 몽테뉴가 제기했던 질문이다. 루소는 자신도 이 질문에 대답하기 위해 이 책을 썼다고 말하고 있다.

루소는 자신의 고독을 진정한 자아를 탐구할 기회로 이용하려 한다. 이를 위해 물리학자가 매일매일의 기상 상태를 측정하기 위해 하는 실험을 해 볼 것이라고 말한다. "나는 나의 영혼에 청우계를 갖다 대 볼 것인데, 이 실험이 오랫동안 반복적으로 잘 이루어진다면 물리학자들이 도출해 낸 결론이나 과학적인 결론에 도달할 수 있을 것이다. 그러나 나는 나의 시도를 그렇게까지 확대하지는 않을 것이다. 실험을 기록하는 것으로 만족하지, 그것을 모아 체계를 만들려고 하지는 않을 것이다."

알다시피 이 책에 실린 글은 체계적으로 작성된 글이 아니다. 저자가 고독과 자연과의 접촉에서 느꼈던 기쁨을 회고해 보는 데 필요한 '기록(registre)'이다. 그러므로 《고독한 산책자의 몽상》은 루소가 쓴, 루소를 위한 책이다. 저자는 자신이 글을 쓴 의도가 몽테뉴(Michel de Montaigne, 1533~1592)의 그것과는 다르다고 주장한다.[65] 루소는 말한다. "몽테뉴는 다른 사람을 위해 《수상록(Essais)》을 썼지만 나는 오직 나를 위해 나의 몽상들을 쓴다."

루소의 말을 이해하기 위해서는 몽테뉴의 《수상록》 첫머리에 실려 있는 일러두기('독자에게')를 다시 읽어 보는 것으로 충분하다. 몽테뉴는 다음과 같이 말했다. "내가 이 책에 쓰는 것은 내 사소한 일상과 개인사에 불과하다. 여러분에게 이득이 되는 일이라든가 나에게 명예가 되는 일 따위는 전혀 염두에 두지 않았다. 나에게는 그런 것을 생각할 여력이 없다. 내 일가친척과 친구들을 위해 이 책을 쓰게 되었다. 조만간 내가 세상을 떠난 뒤 그들이 이 책에서 나의 행동이나 기질의 특징을 조금이나마 찾아볼 수 있도록, 또 그렇게 함으로써 그들이 나에 대해 알고 있는 바를 더욱 올바르고 생생하게 간직할 수 있도록 말이다."

루소는 자신의 글이 일정한 형식을 따르지 않은, 자신의 몽상

---

65   루소와 몽테뉴에 관한 내용은 별도의 표시가 없는 한 다음 책에서 가져왔다.
      Jean Grenier, 《Réflexions sur quelques écrivains》, Gallimard, 1973.

에 관한 일기일 뿐이라고 말한다. "나는 내가 생각한 것을 머리에 떠오르는 대로 이야기할 것이다. 그리고 전날의 생각과 다음 날의 생각이 보통 별 상관이 없으므로, 두서없이 이야기를 늘어놓을 것이다." 루소는 자신을 검열하지 않기로 약속함으로써 진실한 자기 탐구의 기록을 남긴다. 그는 "머릿속을 완전히 비운 상태에서 여러 가지 생각이 아무런 반대나 거리낌 없이 마음대로 뛰놀게 내버려둔 채, 나의 고독한 산책과 그 산책을 가득 채우는 몽상들을 정직하고 성실하게 기록"하고자 하는 것에는 자신의 "영혼의 추이를 계속 살펴보고자 하는 목적"도 있다고 덧붙인다.

　루소의 기록은 결과적으로, 작가 자신에게 "그가 처해 있는 이상한 상황에서 그의 정신이 매일매일 양식으로 삼고 있는 감정과 사고를 제대로 인식함으로써, 그의 본성과 기질을 새롭게 인식"하게 하고 자기 자신과 친구가 되는 역할을 담당하게 될 것이다. "내가 나이를 더 먹어 세상을 떠날 시간이 임박했을 때, 내가 기대한 바대로 지금과 같은 감정과 기분을 유지하고 있다면, 내 몽상의 기록을 읽을 때 지금 이것을 쓰면서 내가 맛본 감미로움을 다시 떠올리게 될 것이다. 그리고 그렇게 나의 지난 세월이 되살아남으로써, 말하자면 나의 삶도 두 배로 늘어나게 될 것이다. 사람들이 날보고 뭐라고 쑥덕쑥덕하더라도, 나는 또다시 사람을 사귀는 일의 묘미를 맛보게 될 것이며, 늙디늙은 나는 마치 나보다 덜 늙은 친구와 함께 살듯 다른 나이대의 나와 함께 살게 될 것이다."

루소, 산책하다

루소에게 걷기는 고독한 것이고, 관찰과 몽상의 무한한 원천이며, 뜻하지 않는 만남을 통해 행복과 기쁨을 누리게 하는 행위다. 루소는 걸을 때 비로소 생각하고 창조하고 영감을 얻을 수 있다고 말한다. 다리를 움직여 주지 않으면 정신도 움직이지 않는다. 그는 책상이나 의자를 보기만 해도 속이 불편하고 펜을 잡을 용기마저 사라진다. 머릿속에 참신하고 기발한 생각이 떠다니는 것도 산책을 할 때였고, 박력 있는 문장이 떠오른 것도 산책길 위에서였다.

"나는 산책할 때 절대 아무것도 하지 않는다. 전원은 내 서재다. 책상과 종이와 책만 봐도 지루함을 느낀다. 작업 도구는 나에게 낙담을 안겨 준다. 뭘 좀 써 보려고 의자에 앉으면 도대체 생각이 떠오르질 않는다. 정신을 움직여야 할 필요성이 오히려 내게서 정신을 빼앗아 간다."

루소는 거의 늘 두 발로 여행했다. 그는 열여섯 살에서 열아홉 살 때까지 걸었다. 안시에서 토리노까지, 졸로투른에서 파리까지, 그러고 나서 파리에서 리옹까지, 마지막으로 리옹에서 샹베리까지 엄청나게 먼 거리를 걸었다. 젊은 시절의 토리노 여행을 추억하는 장면을 보면 루소가 걷기에서 얼마나 행복감을 느끼는지 알 수 있다.

"나는 내 일생 동안 그 여행에 바친 칠팔일 동안만큼 근심 걱정에서 완전히 벗어난 적은 없었다……. 그 추억은 그 여행과 관련된 모든 것, 특히 산이나 도보 여행에 대한 가장 강렬한 취미를 내게 남겨 주었다. 비록 도보 여행은 젊었을 때만 했지만 그때마다 즐거웠다. 그러나 오래지 않아 온갖 의무와 일거리와 들고 가야 할 짐 때문에 나는 어쩔 수 없이 점잔을 빼면서 마차를 타야 했다. 그 즉시 마음을 좀먹는 근심과 걱정거리와 불편함이 나와 함께 마차에 올랐다."

루소는 이렇게 말했다. "혼자서 두 발로 여행했을 때만큼 많은 생각을 하고 그토록 충만한 존재감을 느끼며 그토록 뿌듯하게 살고 그토록 완벽히 나 자신이었던 적이 없다." 걷기는 루소에게 삶을 충만하게 느낄 수 있게 한다. 루소는 걸으면서 자신의 몸이 자연과 하나가 되는 듯한 느낌을 갖는다. 천천히 숲길을 걸으며 그는 자연의 손에서 나온 인간을 자기 속에서 발견하고, 자신이 누구인지를 온전하게 느낀다.

루소의 산책은 자연 속에서 이루어져야 한다. 그래야만 영감을 얻을 수 있다. "내가 글을 쓰면서 겪는 극도의 어려움은 그로 말미암은 것이다. 삭제했다가 마구 갈겨쓰고 뒤섞여서 알아보기 어려운 내 원고들은 내가 그것들을 쓰면서 얼마나 고생했는지를 확인시켜 준다. 나는 원고를 인쇄에 들어가기 전에 네댓 번은 옮겨 적지 않으면 안 된다. 손에 펜을 쥐고 책상과 종이를 마주하고서도 아무것도 쓸 수 없다. 내가 머릿속에서 글을 쓰는 것은 바위와 수목

사이를 산책하는 동안이다." 루소는 〈다섯 번째 산책〉에서 산책하는 동안 아름다운 자연 풍광을 만나면 자신의 상상력이 어떻게 발휘되는지 소상히 밝히고 있다. "나는 푸르른 나무와 풀, 꽃과 새들에 둘러싸인 자신을 발견하고, 드넓게 펼쳐진 맑고 깨끗한 호수를 빙 둘러 있는 낭만적인 기슭으로 눈길을 멀리 보내면서 그 모든 사랑스러운 대상에 내가 상상한 것을 다 옮겨 놓았다."

그러나 예전과 달리 황혼기에 접어든 산책자는 식물 채집을 위해 다리를 움직여 옮겨 다니는 것 말고 다른 목적이 없다. 자신을 방어하기 위해 새로 논거를 구상하거나 사회에 유용한 무엇을 만들기 위해서 걷는 것이 아니라 정말 별다른 이유 없이 걷는다. 황혼의 산책에서 루소는 과거의 기억들에 관용을 베푼다. 고통스러웠던 시절을 애써 기억에 떠올리지도 않고, 회한과 번뇌로 영혼을 지치게 하지도 않는다. 그는 더 이상 바랄 것도 없고 잃을 것도 없으니 그냥 걸을 뿐이다. 세상에 대해 더 이상 아무것도 기대하지 않고 평안하게 걷는 그 순간, 기쁨이나 고통이나 원망이나 불신 같은 감정은 다 사라지고 오직 지금 여기 존재하고 있다는 감정만 남는다.

《고독한 산책자의 몽상》을 읽어 보면 루소의 마지막 산책이 꽤 만족스러웠다는 사실을 알 수 있다. 마침내 그는 마음의 평온을 찾은 듯하다. 그는 이제 누구에게 특별히 동조하지도 않고, 그 누구에게 반대하지도 않는다. 그저 산책길에 있는 꽃과 나무와 돌, 태양과 자연 사이에서 걸으며 위안을 누릴 뿐이다. "나는 편안하게 걷다가 마음 내킬 때 발길을 멈추기를 좋아한다. 내게 필요한 것은 떠돌아다니는 생활이다. 좋은 날씨에 여유롭게 아름다운 고장을 걷는 것, 여정이 끝날 때 기분 좋은 목적이 있는 것, 이것이야말로 모든 생활 방식 가운데 내 취향에 가장 잘 맞는다."

루소, 몽상하다

산책은 산책하는 자의 영혼에 방랑의 기회를 제공한다. 그것은 특정한 목표에 도달해야 한다는 조건 없이 주변의 대상을 자유롭게 들여다볼 수 있게 한다. 때때로 "생명체의 체계 속에 녹아들어" 대상과 온통 일체가 되게 한다. 그러나 몽상의 상태에 들어가기 위해서는 대상을 배제하고 대상의 지배에서 벗어나야 한다. "식물학이나 식물 관찰도 잊어버리고 석송과 이끼를 베개 삼아 누워서, 세상 누구도 알 수 없는 은신처에 와 있으니 박해자들도 감히 나를 찾아내지 못하리라 생각하며 마음껏 몽상을" 즐길 수 있어야 하는 것이다. 그러기 위해서는 무엇보다 이상적인 조건들이 갖춰지는 것이 중요하다. 조용하고 규칙적이며 "꾸준하고 절제된 움직임"이 가장 바람직하다. 이를테면 물결치는 대로 흐르는 작은 배가 밀물과 썰물에 가볍게 흔들리는 것처럼 말이다. "내가 생피에르섬에서 물결 따라 정처 없이 흘러가는 배 안에 누워, 또는 물결 출렁이는 호숫가에 앉아, 또는 아름다운 강가나 조약

돌 위로 졸졸 흐르는 개울물 가장자리에 앉아 고독한 몽상에 잠길 때 종종 맛보았던 상태가 바로 그런 상태였다."

루소에게 몽상은 휴식이며 논리나 논증으로부터 해방된 상태이다. "머릿속을 완전히 비운 상태에서" 경험과 사유와 감각의 움직임을 "아무런 반대나 거리낌 없이 마음대로 뛰놀게 내버려둔 채" "정직하고 성실하게 기록"하면서 우리는 무엇을 발견할 수 있는가? 루소는 마음속 깊숙한 곳에서 "우리 존재에 대한 감정"을 발견할 수 있다고 말한다. 〈다섯 번째 산책〉이 그 점을 분명하게 인식하게 한다. 루소는 몽상의 상태란 "영혼이 충분히 견고한 장소를 발견하고 거기서 완전한 휴식을 취하며 자신의 존재를 가다듬을 수 있어서 과거를 회상하거나 미래를 신경 쓸 필요도 없는 상태, 영혼이 시간에 아무 의미도 부여하지 않는 상태, 현재가 영원히 지속되지만, 지속되고 있다는 흔적이나 계속 이어지리라는 기미도 보이지 않고 상실이나 향유, 기쁨이나 고통, 기대나 두려움의 감정도" 없는 상태라고 설명하면서 그런 상태 안에 있는 사람은 행복한 사람일 것이라고 말한다.

또한 '몽상의 상태에서 우리는 무엇을 즐길 수 있는가' 하는 질문을 던진다. 그리고 이렇게 답한다. "자기 밖에 있는 그 무엇은 절대 아니다. 오직 자기 자신과 자신의 존재를 즐겁게 누릴 뿐이다. 그런 상태가 지속되는 한, 사람은 신처럼 자기 자신에게 자족한다." 루소의 탐구는 여기서 목적을 달성한다. 몽상을 통해 모든 것으로부터 자유로워진 인간은 자신의 본성을 발견한다. 마침내 인간의 본성이 바로 자신을 알려고 하는 데 있다는 것을 깨닫게 되는 것이다.

끝으로 루소가 청년 시절에 던진 질문을 되새겨 보고자 한다. 그는 1740년 리옹의 권세 있는 대법관 마블리(Gabriel Bonnot de Mably, 1709~1785)의 집에 가정교사로 들어갔을 때 교육에 관한 짧은 글을 남겼다. 〈마블리 씨 자제의 교육에 관해 마블리 씨에게 드리는 의견서(Mémoire présenté à M. de Mably sur l'éducation de Monsieur son fils)〉라는 이 글은 나중에《에밀》이라는 방대한 교육론으로 구체화되지만, 의견서 한가운데에서 스물일곱의 루소는 이런 질문을 던진다. "사람들의 일반적 운명보다 더 우울한 것은 없습니다. 그런데도 그들은 행복에 대한 강렬한 욕구를 내면에 갖고 있고, 그런 욕구 때문에 매 순간 자신이 행복해지기 위해 태어났다고 생각합니다. 이 같은 노력에도 불구하고 그들은 왜 행복하지 못합니까?" 우리는 아직도 이 질문에 대해 시원한 해답을 찾지 못하고 있다. 그의 질문은 사라지지 않고 오히려 거의 모든 사람의 마음속에 감치고 잊히질 않는다. 우리는 왜 행복하지 않은가. 왜. 대체 무엇 때문에.

장 자크 루소 연보

1712년   6월 28일 스위스 제네바의 그랑뤼가 40번지에서 아버지 이사크 루소와 어머니 쉬잔 베르나르 사이의 둘째 아들로 태어나다. 7월 성 베드로 사원에서 영세를 받다. 계속된 열병으로 어머니가 사망하다.

1718년   아버지 이사크 루소, 생제르베에 있는 쿠탕스로 이사하다.

1722년   10월 아버지가 한 퇴역 장교와 싸운 뒤 제네바를 떠나 니옹으로 이사하다. 사촌 아브라함 베르나르와 함께 제네바 근처 보세에 있는 랑베르시에(Lambercier) 목사 집에 기숙 학생으로 들어가다.

1724년   겨울에 제네바로 다시 돌아와 외삼촌 가브리엘 베르나르 집에 거주하다. 시청 법무사 마스롱 밑에서 수습 서기로 일하다.

1725년   4월 조각가 아벨 뒤 코묑 집에 견습공으로 들어가 일하지만 별로 흥미를 느끼지 못하다.

1728년   3월 14일 제네바를 떠나다. 3월 21일 안시에서 바랑 부인(Françoise-Louise de Warens, 1699~1762)을 만나 그녀의 주선으로 사흘 뒤 토리노로 떠나다. 4월 21일 가톨릭으로 개종하고 4월 23일 세례를 받다. 여름부터 가을까지 토리노의 베르첼리스 부인 집에서 하인으로 일하다. 마리옹의 리본 사건이 발생하다.

1729년   6월 바랑 부인이 살고 있는 안시로 돌아오다.

1730년   음악 개인 교사 노릇을 하면서 스위스와 프랑스를 두루 돌아다니다.

1731년   6월부터 8월까지 처음으로 파리에 체류하다. 9월 몇 주 동안 리옹에서 지내다가 샹베리로 바랑 부인을 찾아가다. 10월 사부아 왕국의 토지 대장과에 근무하다.

1732년 　6월 토지대장과를 그만두고 음악에 몰두하기로 하다.

1734년 　니옹, 제네바, 리옹 등지를 여행하다.

1735년 　레 샤르메트(Les Charmettes)에서 바랑 부인과 함께 행복한 전원생활을 시작하다.

1737년 　6월 시각을 잃을 뻔한 실험실 사고를 겪고 처음으로 유언장을 작성하다. 7월 유산 상속 문제를 해결하기 위해 은밀히 제네바에 다녀오다.

1738년 　2월 또는 3월에 레 샤르메트로 돌아오나 환대를 받지 못하다. 그녀에게는 이미 다른 연인이 있었다.

1740년 　4월 대법관 마블리가(家)의 가정 교사로 리옹에 가다. 주인집 아들을 위해 〈생트 마리 씨의 교육에 대한 연구(Projet pour l'éducation de Monsieur de Sainte-Marie)〉를 쓰다.

1741년 　5월 가정 교사를 그만두고 샹베리로 돌아오다.

1742년 　7월 파리로 이주하다. 악보 표기에 있어 음표를 숫자로 대체하자는 제안을 파리 과학 아카데미에 제출했으나 인정받지 못하다. 9월과 10월 디드로, 퐁트넬, 마블리 신부 등과 친분을 맺다.

1743년 　1월 《현대 음악론(Dissertation sur la musique moderne)》을 키요 출판사에서 발간하다. 봄부터 뒤팽 부인의 살롱을 출입하다. 6월 베네치아 주재 프랑스 대사인 몽테귀 백작의 비서로 근무하기 위해 7월 10일 파리를 떠나다. 리옹, 마르세유, 제노바, 밀라노, 파도바를 거쳐 9월 14일 베네치아에 도착하다.

1744년 　8월 대사와 심한 갈등 끝에 사직하고 파리로 돌아오다.

1745년 　3월 당시 스물세 살인 오를레앙 출신의 하숙집 세탁부 테레즈(Marie-Thérése Levasseur, 1721~1801)를 알게 되다. 7월 9일 〈사랑의 시신(詩神)들(Les Muses galantes)〉을 완성하다. 9월부터 12월까지 〈사랑의 시신들〉을 공연하다. 콩디야크를 알게 되고 볼테르와 편지를 교환하다.

1746년 　뒤팽 부인과 그녀의 조카 프랑쾨유 밑에서 서기로 일하다. 겨울에 첫째 아이가 태어나지만 고아원에 보내다. 이후 태어나는 네 명의 아이들도 그렇게 하다.

1747년   5월 9일 아버지 이사크 루소 사망하다.

1749년   1월에서 3월, 달랑베르의 부탁을 받아《백과전서(Encyclopédie)》의 음악에 대한 항목을 집필하다. 7월 디드로가 체포되어 뱅센 감옥에 감금되다. 10월 뱅센 감옥에 디드로를 면회하러 가는 도중 디종 아카데미의 현상 논문 모집 주제 '학문과 예술의 진보는 품성의 순화에 기여했는가'를 잡지 「메르퀴르 드 프랑스(Mercure de France)」에서 읽다. 그때부터《학문 예술론(Discours sur les sciences et les arts)》을 쓰기 시작하다.

1750년   7월 9일 디종 아카데미에서《학문 예술론》이 일등상을 받고 12월 말에 출판되다.

1751년   2월부터 3월 사이 '자기 개혁'을 결심하고 뒤팽가(街)의 일을 그만두고 생활비를 벌기 위해 악보 필사를 시작하다.

1752년   10월 루이 15세 앞에서 막간극 〈마을의 점쟁이(Le Devin du village)〉가 상영되고 대성공을 거두다. 12월 테아트르 프랑세즈(현재의 코메디 프랑세즈)에서 청년기 작품인 〈나르시스, 혹은 자아의 애인(Narcisse ou l'Amant de lui-même)〉을 공연하다.

1753년   11월 디종 아카데미 현상 논문 공모 주제 '인간 불평등의 기원은 무엇이며, 불평등은 자연법에 의해 허용되는가?'를 「메르퀴르 드 프랑스」지에 게재하다.《인간 불평등 기원론(Discours sur l'origine et les fondements de l'inégalité parmi les hommes)》집필을 시작하다. 11월 말 이탈리아 음악에 호의를 보인《프랑스 음악에 관한 편지 (Lettre sur la musique française)》를 출간하다.

1754년   6월 1일 테레즈와 친구 고프쿠르와 함께 제네바로 떠나다. 여행 중 샹베리에서 마지막으로 바랑 부인을 만나다. 8월 제네바에서 개신교로 다시 개종하고 제네바의 시민권을 되찾다. 10월 파리로 돌아와 암스테르담의 서적상 레(Marc-Michel Rey, 1720~1780)에게 디종 아카데미 논문 공모에서 낙선된《인간 불평등 기원론》원고를 넘기다.

1755년	4월 24일《인간 불평등 기원론》을 출간하다. 9월 루소의 〈정치 경제학(Économie politique)〉 항목이 실린《백과전서》5권이 간행되다.
1756년	4월 데피네 부인이 마련해 준 몽모랑시의 집 레르미타주(L'Ermitage)로 이주하다. 여름부터 가을에 걸쳐《신 엘로이즈(Julie ou la nouvelle Héloïse)》의 인물들을 구상하다.
1757년	1월 말 두드토 부인이 레르미타주를 방문하다. 봄부터 부인에게 연정을 품고 8월 데피네 부인과 불화가 시작되다. 12월 15일 레르미타주에서 나와 몽모랑시의 몽루이로 거처를 옮기다.
1758년	3월《달랑베르에게 보내는 연극에 관한 편지(Lettre à M. d'Alembert sur les Spectacles)》에서 무대 예술을 공격하다. 5월 두드토 부인이 루소와 절교하고, 6월에는 디드로와도 절교하다. 9월 13일 레에게《신 엘로이즈》의 완성을 알리다.
1759년	5월 뤽상부르 원수의 초대로 몽모랑시에 있는 프티 샤토(Petit-Chateau)에 체류하다.《에밀(Émile ou De l'éducation)》과《사회 계약론(Du contrat social)》을 집필하다. 12월《신 엘로이즈》가 런던에서 시판되다.
1761년	1월 말《신 엘로이즈》가 파리에서 시판되어 큰 성공을 거두다. 9월《언어 기원에 관한 시론(Essai sur l'origine des langues)》(사후인 1781년 출간)을 출판 총감 말제르브에게 맡기다. 10월, 뒤셴 서점에서《에밀》이 인쇄되다. 11월 레에게《사회 계약론》원고를 넘기다. 12월 31일 레가 자서전을 쓸 것을 권고하다.
1762년	4월《사회 계약론》이 암스테르담에서 출간되다. 거의 동시에《에밀》이 파리와 암스테르담에서 출간되다. 6월 경찰이《에밀》을 압수하다. 고등 법원에서《에밀》이 유죄 선고를 받다. 루소에게 체포령이 내려지다. 6월 9일 몽모랑시를 떠나 스위스로 도피하다. 제네바에서도《에밀》과《사회 계약론》이 판매 금지되다. 7월 산골 마을 모티에 (Môtiers)로 이사하다. 9월《에밀》을 비난하는 파리 대주교 크리스토프 드 보몽의 교서가 발간되다.
1763년	3월《에밀》에 유죄를 선고했던 파리 대주교 크리스토프 드 보몽을

반박하는《크리스토프 드 보몽에게 보내는 편지(Lettre à Christophe de Beaumont)》를 출간하다. 5월 제네바 시민권을 포기하다.

1764년   5월 레에게 자신의 전집 출간을 권유하다. 7월부터 식물 채집에 취미가 생기다. 12월 출간된《산에서 쓴 편지들(Lettres écrites de la montagne)》에서 제네바 검찰 총장 트롱생과 논쟁을 벌이다. 볼테르가 익명의 팸플릿〈시민들의 견해(Sentiment des citoyens)〉에서 루소가 자식들을 버렸다는 사실을 폭로하며 공격하다.《고백(Les Confessions)》을 쓸 것을 결심하다.

1765년   3월《산에서 쓴 편지들》이 파리에서 불태워지다. 9월 6일 목사 몽몰랭의 선동으로 모티에 주민들이 루소의 집에 돌을 던지다. 9월 11일 비엔 호수의 생피에르섬으로 몸을 피하다. 10월 16일 베른 소위원회로부터 퇴거 명령을 받다. 10월 22일 흄(David Hume, 1711~1776)이 루소에게 편지를 써서 영국으로 피신할 것을 제안하다.

1766년   1월 4일 흄과 함께 파리를 출발하여 런던에 도착하다. 치즈윅에 정착하다. 2월 13일 테레즈가 루소와 합류하다. 3월 루소 부부가 우턴으로 떠나다. 그곳에서《고백》1부의 집필을 계속하다. 흄과 루소 사이가 소원해지다. 11월 흄이 루소와의 불화에 대한 중상을 담은《흄과 루소 사이에 벌어진 논란의 간략한 진상(A Concise and Genuine Account of the Dispute Between Mr. Hume and Mr. Rousseau)》을 출간하다.

1767년   3월 영국 국왕 조지 3세가 루소에게 연금을 수여하다. 5월 21일 갑자기 영국을 떠나 테레즈와 함께 프랑스로 돌아오다. 이후 여러 해 동안 트리에성과 같은 외딴곳에 소재한 귀족들의 영지나 부르구앵이나 몽캥 같은 작은 마을에 살다. 때때로 가명을 쓰곤 하다. 11월《음악사전(Dictionnaire de Musique)》을 출판하다.

1768년   8월 30일 부르구앵에서 테레즈와 정식으로 결혼하다.

1769년   1월 말 몽캥에 있는 외딴 농가에 정착하여 거기서《고백》집필을 다시 시작하다.

1770년   6월 파리로 돌아와 가명을 버리고 플라트리에르가(街)에 정착하다. 다시 악보 필경사로 일하다. 12월《고백》원고를 탈고하다(사후인

1782년 1부 출간, 1789년 2부 출간).

1771년   2월 스웨덴 왕태자 앞에서《고백》을 낭독하다. 5월 10일 데피네 부
         인이 치안 감독관에게《고백》낭독을 중지시킬 것을 요청하다. 7월
         베르나르댕 드 생 피에르와 교류하기 시작하다.

1772년   4월《루소, 장 자크를 심판하다 ─ 대화(Rousseau juge de Jean-Jacques
         ─ Dialogues)》(사후 1782년 출간)를 쓰기 시작하다. 악보 필사를 계속하
         면서 이후 여러 해 동안 식물학에 관한 편지와 논문을 집필하다.

1776년   2월《루소, 장 자크를 심판하다 ─ 대화》원고를 파리 노트르담 대성
         당의 제단에 놓아두고 싶어 그곳에 갔으나 철책이 닫혀 있어 실패하
         다. 4월 〈아직도 정의와 진실을 사랑하는 모든 프랑스인에게(À tout
         Français aimant encore la justice et la vérité)〉라는 전단을 거리에서 나
         누어 주다. 가을에《고독한 산책자의 몽상(Les Rêveries du promeneur
         solitaire)》을 집필하기 시작하다. 10월 24일 메닐몽탕 언덕에서 산책
         중 개에게 받혀 정신을 잃다. 2월『아비뇽 통신(Courrier d'Avignon)』
         이 루소의 사망을 잘못 보도하다.

1777년   2월 재정적 어려움을 표명하다. 테레즈가 오래전부터 아팠기 때문에
         하녀를 둘 필요성을 느끼다. 8월 22일 악보 필사 일을 그만두다.

1778년   4월 12일《고독한 산책자의 몽상》〈열 번째 산책〉(미완성)을 집필하
         다. 5월 20일 지라르댕 후작의 초청을 받아 에르메농빌로 거처를 옮
         기다. 7월 2일 오전 11경에 사망하다. 7월 4일 에르메농빌의 푀플리
         에섬에 안장되다.

1794년   10월 국민공회가 루소의 유해를 팡테옹으로 이장하다.

고독한 산책자의 몽상

초판 1쇄 발행 2025년 1월 27일

지은이 장 자크 루소
옮긴이 고봉만

주간 이동은
편집 김주현
미술 임현아 김숙희
마케팅 사공성 성스레 장기석
제작 박장혁 전우석

발행처 북커스
발행인 정의선
이사 전수현

출판등록 2018년 5월 16일 제406-2018-000054호
주소 서울시 종로구 평창30길 10 (03004)
전화 02-394-5981~2(편집) 031-955-6980(마케팅)
팩스 031-955-6988

ISBN 979-11-90118-87-3 (04080)
      979-11-90118-84-2 (04080) (세트)

• 북커스(BOOKERS)는 (주)음악세계의 임프린트입니다.
• 값은 뒤표지에 있습니다.
• 파본이나 잘못된 책은 구입하신 서점에서 교환해 드립니다.